Vera Schnieder

Türöffner

Texte aus

KLINKE
Zeitschrift für Literatur und Psychiatrie
Münster
2000 - 2020

**Die Ärzte sind keine Götter,
aber Gott ist auch ein Arzt.**

GELEITWORT

„Am besten gefällt mir noch, dass ich das, was ich denke und fühle, wenigstens aufschreiben kann, sonst würde ich komplett ersticken."
Anne Frank (1929 – 1945)

Anne Frank begegnete ihrer bedrückenden Situation und der enormen psychischen Belastung mittels des Schreibens. In Tagebüchern hielt sie fest, was sie bewegte. Anne Frank ermöglichte mit ihren Tagebüchern einen Einblick in eine psychische Ausnahmesituation und dem Versuch, der schweren Last zu entkommen.

Zweifellos hat Schreiben im Hinblick auf die Bewältigung schwieriger Lebensumstände eine befreiende Wirkung. Wovon schon seit längerer Zeit im „Erfahrungswissen" der Schreibenden und der sich darüber hinaus mit diesem Thema Beschäftigten fest ausgegangen wurde, ist zwischenzeitlich wissenschaftlich belegt. Schreiben über emotionale Erfahrungen leistet einen wichtigen Beitrag zur Gesundung. So gehen z.B. depressive Symptome wie häufiges Grübeln und allgemeine Ängstlichkeit in den Wochen und Monaten nach dem Schreiben tendenziell zurück. Schreiben kann als Heilmittel bezeichnet werden.

Mit diesem Selbst bewusst sein arbeitet die Klinke – Zeitschrift für Literatur und Psychiatrie – seit mehr als 40 Jahren. Das Werk von Vera Schnieder nimmt nun „die Klinke in die Hand" und öffnet Türen. Wir betreten beim Lesen Räume der zurückliegenden zwanzig Jahre. Zwanzig Jahre, in denen Vera Schnieder die jetzt vorliegenden Texte allesamt in der Klinke veröffentlicht hat und einen unverzichtbaren Beitrag für den Erfolg der Klinke geleistet hat.

Vera Schnieder will mit ihren Texten nicht überreden. Sie will vielmehr die Leserin und den Leser zum Denken und Nachdenken anregen. Die unterschiedlichen Textgattungen geben dabei gute Gelegenheiten. Es fällt auf, wie vielfältig Vera Schnieder gedanklich über sich, Andere und über die Welt als Mikro- oder Makrokosmos unterwegs ist. Sie schreibt von Ihren ureigensten Erfahrungen; dabei niemals, um sich selbst in den Mittelpunkt zu stellen. Vera Schnieder hat etwas zu sagen, mitzuteilen. Die Leserin und der Leser können, wenn sie oder er möchten, vieles mitnehmen und für das eigene Leben nutzen. Die Texte zeugen von dem Wunsch, einen Beitrag zur Entstigmatisierung von Menschen zu leisten, die in seelischer Not waren oder auch noch sind.

Im ersten Teil des „Türöffners" stellt Vera Schnieder Gedichte aus den letzten zwanzig Jahren vor. In einem Gedicht wird der unbezähmbare Drang in der Psychose beschrieben, die geschlossene Gesellschaft zu verlassen. Die Beschäftigung mit dem Verhältnis zwischen der Gesellschaft und den individuellen Gegebenheiten einer psychischen Erkrankung zieht sich fast nahtlos durch alle Texte von Vera Schnieder. Ihre Helfer sind Freunde und Kundige, so beschrieben im Text „Hilflos". Hilflosigkeit hinterlässt der Text aber an keiner Stelle – Vera Schnieder nimmt „das Heft in die Hand".

Im zweiten Teil des vorliegenden Buches lesen wir Notizen. Diese Notizen sind Lebensweisheiten von Vera Schnieder, an denen sich die interessierte Leserin oder der interessierte Leser orientieren mögen. Die Notizen richten sich (auch) an die, die meinen gescheitert zu sein. Gescheit sein beim Gescheitert sein, dass ist das ausgegebene Motto. Die „Überlebenstipps" geben wertvolle Ratschläge zum Überleben im Alltag, für das tagtägliche Machen und Tun. Die Lebenserfahrung von Vera Schnieder ist auch bei ihren Gedanken „Zur Langsamkeit" klar zu erkennen. Langsamkeit wird als ein Geschenk beschrieben. Diese – neuerdings auch als Entschleunigung bezeichnete Art das Leben zu leben – geht einher mit Ruhe, (positiver) Leere und mit dem Bewusstsein, von einer Fülle der Machbarkeit umgeben zu sein.

Der dritte und die nachfolgenden Teile des „Türöffners" sind Mutmachtexte. Und tatsächlich kann auch hier vieles mitgenommen werden. Sei es Mut in persönlichen Begegnungen, im politischen Diskurs oder bei der Auseinandersetzung mit religiösen Themen. Immer bezieht Vera Schnieder Position. Natürlich müssen diese Positionen nicht geteilt werden. Aber immer schafft es die Autorin, bei der Leserin oder dem Leser eigene Einstellungen zu überprüfen.

Unverzichtbar sind (auch) die mutigen Texte, die sich mit aktuellen politischen Entwicklungen wie dem aufkommenden Nationalismus, zur allgemeinen politischen Partizipation oder aber dem Arbeitsmarkt beschäftigen. Vera Schnieder tritt für klare und unverrückbare Werte ein – hier lässt sie nicht mit sich reden. Ihr Einsatz für Demokratie und Menschenrechte wird im Text „Warum ich gerne in der KIB bin" verdeutlicht. In diesem politischem Gremium der Stadt Münster ist Vera Schnieder als gewähltes Mitglied seit vielen Jahren aktiv. Sie setzt sich hier für die Belange von Menschen mit Behinderungen ein. Engagiert und kompetent. Vielen Dank dafür!

Vera Schnieder sagt, dass sie jeden Tag in ihrem Leben neue Kraft verspürt. Es wäre schön, wenn jede Leserin und jeder Leser davon etwas mitnimmt. Die vielfältigen Texte in diesem Buch liefern dafür die Grundlage.

> „Solange ein Mensch ein Buch schreibt, kann er nicht unglücklich sein."
> *Jean Paul (1763 – 1825)*

Michael Winkelkötter

GEDICHTE

Aufmerksamkeit pflegen

in der Stille des Abends
ein Film
mit Sonnenblume
und Kerzenlicht
in der Fülle des Lebens
nach dem Leiden
durch das Grauen
fließen
und
genießen

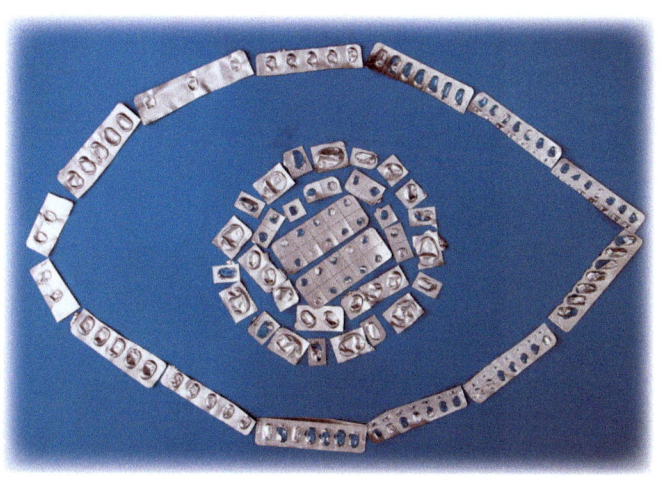

Deine Pupillen sind erweitert,
ansonsten sieht man dir nichts an.

Mitte Februar 2001

Das Sägen des Winters
ist nicht mehr auszuhalten.
Von Dämmerung zu Dämmerung
lass ich mich an den Birken
vorbeitragen.
Schwarz-weiß gefleckt,
sich gütlich erhebend
und nachgiebig neigend,
nehme ich sie auf
und warte weiter.

Vino

Statt mit Tränen der Verzweiflung
ein Meer zu füllen,
trinke ich guten Rotwein
aus einem Kelch
und wundere mich nicht
dass es so gekommen ist,
dass ich so heiter bin
und das Leben gelingt.

Das Leben ist schön

Mit der Schönheit

      des Versehens
      des Sandes im Getriebe
      der Grenze
      des Schattens
      des Verlustes
      der Wüste
      des Widerspruchs
      des Schmerzes der Berührung
      der Sehnsucht
      der Müdigkeit
      des Schlafes

           leben.

Im Frühling aufhorchen

Schweben durch
die Jahreszeit
des Übergangs
von dunkler Kälte
in warmes Licht.

Der Blick
in die Tiefe
verliert sich,
wenn morgens
zwischen Schlaf und Tag
sich die Verzweiflung
ins Leben trommelt.

Unzulänglichkeit
gibt den Takt an.
Da heißt es
dem dröhnenden Krach
einen Sinn geben:
In die Pause gehen

Es trägt ein
persönlicher Dreiklang:
Glück durch Trost
Aufatmen nach Trauer
Routine durch Disziplin

Mutig jetzt
improvisieren:
In eine Melodie
mich schwingen

Ein gordischer Knoten

Und also sprach die Mutter:
      Was hast du gesagt?
      Wie hast du es gesagt?
      Egal, egal, denn,
      du hast nichts zu wollen,
      du hast nur still zu sein und
      zu warten, bis ich dir gebe,
      was für dich übrig ist,
      sauber und schnell
      wie meine Kultur es vorsieht.

Und also antwortete die Tochter:
      Für mich sorgen, sollte sein
      in deinem Sinn
      für dich sorgen, sollte sein
      in meinem Sinn.
      Nun bin ich groß, habe gefunden
      eine andere Mutter, die
      mich stärkt und mich bewahrt.
      Ich, selber kinderlos, bin
      für dich, meine Liebe,
      manchmal da,
      müde und treu.

Eine Psychose

ist der unbezähmbare Drang,

wenn ich
im Flugzeug über dem Meer,
über den Wolken dahinziehe,
die Wolkendecke als
Schneelandschaft wahrnehme
und die geschlossene Gesellschaft
verlasse,

im Schnee wandern zu müssen.

Pläne einer paranoid Schizophrenen

Die Tradition sagt:
„Ich kann! Ich will! Ich muss!"
„Ich darf!",
sagt die Erfahrung.

Mit einer wirklichen Sicherheit,
mit einem wirksamen Halt,
Wirkung von innen nach außen erzielen.
Darum:

Planen üben,
Zeit einteilen, Kraft einteilen,
Ruhe bedenken,
Ausgleich schaffen,
Freiwillig mich an Vorsätze binden.

Verlorene Leere, gespendete Fülle,
mutig und erfinderisch unterwegs sein,
damit mein Leben in Ordnung geht.

Intuitive Spontaneität auf später verschieben.

Hilflos

Hilflos bin ich nicht!
Ich suche Hilfe und
bekomme sie und
nehme sie an.

Ich nehme das Heft in die Hand,
stehe auf eigenen Füßen,
gehe meinen Weg.

Meine Helfer sind Freunde
und Kundige auch,
brauchen bisweilen selber Hilfe,
wenn es für sie zu schwer wird.
Dann bin ich da, gleichsam Helferin.

Leben ist geben und nehmen.

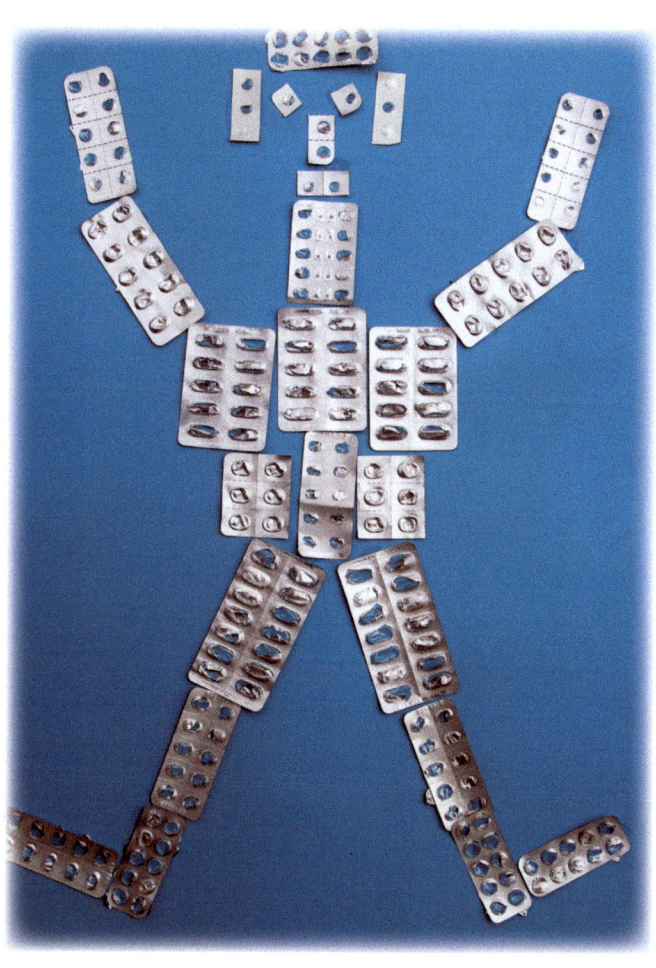

Der Hampelmann

Hetes Geschenk auf meinem Beet

Seit einem stillen Weilchen
betrachte ich das Veilchen
da ich erschöpft hier steh
es voll Freude seh
schweigt es so lila vor sich hin
und ändert leise meinen Sinn

Gegensätze

Eine Hälfte verinnerlichen
Position beziehen

Das Gegenteil trotzdem
in sich tragen

Das andere schätzen
Einheit entwickeln

An der Prinzenbrücke

Es begegnen sich zwei Schiffe,
eines voll, eines leer,
Elisabeth und Einigkeit
die Lebensluft ist feuchtbewegt,
     rosigsüß der Traum.

Worte animieren,
Blicke elektrisieren,
Lächeln ermuntert,
Umarmung berührt,
Schönheit nährt
    das Erlebnis.

Komm und bleib
    die Sehnsucht.

Norderney Juli 2011

Die Kurmusik spielt auf zu
Marsch, Polka, Walzer und Tango.
Wer tanzt?

Die afrikanische Mama tröstet
in deutscher Sprache.
Wer weint?

Der Himmel lacht.
Die Erde hält.
Der Urlaub:
einmal Ebbe, einmal Flut.

Eine runde Sache

Wir haben meine Insel
mit dem Fahrrad
entgegen dem Uhrzeigersinn
umrundet.

Zu Balkanmusik
und zu Walzertakten
bewegten wir uns
tänzerisch im Kreis.

Mit den Gezeiten
habe ich gelebt
und die Tür zur Zukunft
mit einem Kranz geschmückt.

Auf den Punkt gebracht:
Eine runde Sache!

29

Im Siebenten Himmel

Ich bin eine Wolke
und flirte mit dir
Lass uns Regen bringen
den Ausgebrannten

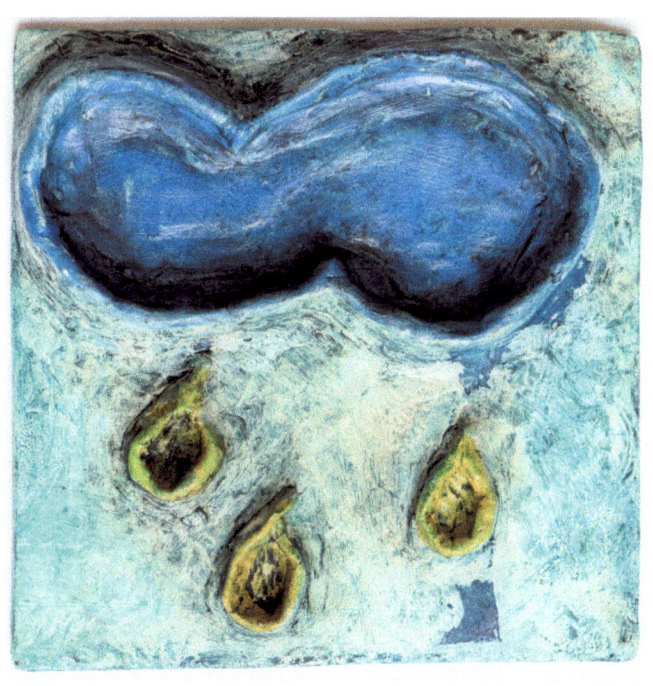

Nicht „warum" sondern „wie"

Fast 60
„Oma"
mit Herbst fängt mein Leben an
mein Hobby –
Lesen und Schreiben –
Selbstverständlich alles und immer
mit neuen Medien?

Du
buchst eine Reise
machst ein Schnäppchen
und verbringst damit
zwei Stunden.

Ich
gehe raus
in den Waldpark
drehe meine Runden
lese in der Bibel
meinen, den 16. Psalm.
„Ja, mein Erbe gefällt mir gut."

Wird das Buch sterben,
wie die Zeitung?
Einhundert und zwanzig Minuten als
Geschenk zurückgegeben
in die Hände des Providers
Zeit als Stück der Ewigkeit
verloren.

Welches Tempo
wie und wann
was suche ich
was kann ich finden im Netz?

Das brennt als Frage
in meinem Herzen;
und ich bitte
alle um Geduld,
wenn ich lange
und wieder nicht
in meine e-mail-box schaue
statt dessen die
Frage bedenke:
wie beherrsche ich die Technik
wie beherrscht die Technik mich?

Ich bin allein am PC
mit meinem Misstrauen, –
die virtuelle Welt funktioniert
und ist frei
ich bin es nicht.

Dement und verwirrt

wo bin ich / wer bin ich
in meinen Kleidern / wie die Frau
von nebenan / gut gepflegt
mit Ohrsteckern / und Dauerwelle
mehr von gestern / als von heute
mehr vom Dorf / als von der Stadt
mehr alleine mit Familie /
als zusammen mit Freunden

Zur Klarheit gelangen

aus einer schlechten
Vergangenheit
wird eine bewegte

versinken ohne
auftauchen mit
Ahnungen

der Fantasie freien Lauf lassen
der Eingebung folgen
ersehnten Segen empfangen
und verwundert staunen

Endlich wieder schreiben ...

Endlich wieder schreiben
„Gedichte?", fragt
eine Schwester respektvoll.
„Texte.", erlaube
ich mir zu sagen.
„Und wenn einer
fertig ist,
darf er schlafen
im Buch,
das mir
beim Lesen
geholfen hat."

Das eine Gebet

verbindet uns
verbindet die Wunden
durchwebt die Seele
wie Glockenklang
die Luft
durchflutet die Wurzeln
verebbt
und
besänftigt.

Ein Aspekt

Jetzt
glaube ich an mich,
denn ich weiß:
liebevoll ist Gott mit mir,
egal wie ich bin!

So sicher bin ich mir
aufs Neue.

Der Geistesblitz

Pilgerwanderung

Der Aufbruch
Hals über Kopf
Gewohntes verlassen.

Mit starkem Willen
die niedrige Schwelle
überschreiten.

Die Ängste
an der Biegung
durch den Wind vertrieben.

Von Wiesenblumen
ja auch der Farbe Grün
erfreut.

Über alte Steine
aufgerichtet
ohne Sturz.

Trost im Gespräch
Halt durch die Hand
begleitet.

In der Nachfolge
für die Botschaft
Zeit gefunden.

Tür und Fenster
von einer zum andern
geöffnet.

Der Wunsch
nach Glück
erfüllt.

Pfingsten

das Fest des Mutes,
das Fest der Freiheit.
Viele sprachen in vielen Sprachen,
in der Urgemeinde.

Liberal die Institutionen,
anarchisch die betenden Menschen.
Ihr sagt: „Alle getauften Christen werden ewig leben."
Wir sagen: „Alle guten Menschen werden aufgerichtet
werden."

Mein persönliches Pfingsten
ereignet sich im Mai im Kloster.
Die Kastanien blühen rot wie mit Feuerzungen,
der Löwenzahn steht fest in der Erde
und wandert wehend durch die Luft.

Mit der Glaubensschwester
wandle ich durch Wald und Flur.
Ich finde meinen inneren Frieden.
Er bedeutet mir mehr als Ruhe durch Entspannung.
Die heilende Wirkung des Trösters wird mir zuteil,
sie ist im Vergleich zur chemischen Medizin
ohne kleineres Übel – vertrauenerweckend!

Fest(sonn)tag

für meine Patentante

Trinitatis im Kirchenjahr,
neunzigstes Lebensjahr
vollendet.
Wir saßen und aßen
und tranken
in Gedanken
dankend
für das geschenkte
Zusammensein.

Schöpfung möge bewahrt werden.
Liebe möge Frieden schaffen.
Trost möge in schweren Zeiten helfen.

Heute und hier:
Glück, Beziehung und Kraft
feiern.

Weihnachten

Fest- und Feiertage zu gestalten,
Das Kind, das Glück zu tragen und zu halten,
Ist eine Übung, die mir große Mühe macht,
Doch sie bringt Licht in winterliche Nacht.

Ich brauche Pläne an allen Tagen,
Sonst spüre ich bohrendes Unbehagen ...
Allein,
Der Segen Gottes schenkt mir Klarheit.
Seine Liebe ist meine Wahrheit.

NOTIZEN

... zu einem Interview mit Stefan Weinmann

Der Psychiater und Gesundheitswissenschaftler formuliert seine eigentliche Kritik an der Psychiatrie folgendermaßen:

„Die Psychiatrie leugnet gewissermaßen ihre soziale und kulturelle Einbettung, um als wissenschaftlich fundiertes Fachgebiet der Medizin bestehen zu können."

D.h., dass sich für mich als psychisch Kranke/Behinderte die Diskriminierung, die ich in gesellschaftlichen Bereichen wie Familie, Schule, Beruf, Nachbarschaft erfahre, in der Psychiatrie fortsetzt.

Die Diskriminierung ergibt sich nicht aus einer bestimmten Meinung, sondern aus einer Tabuisierung. Die entsprechenden Leute halten sich für etwas Besseres, relativieren sich und ihren Standpunkt nicht. Es gibt aber nicht nur eine wirtschaftliche und naturwissenschaftliche Auffassung vom Menschen, sondern auch eine soziale, kulturelle, politische, geistige und religiöse.

Der Konflikt spiegelt sich in der Biographie einer jeden Betroffenen wider. Es gilt daher m.E. für jeden einzelnen, alle Kraft und alle Möglichkeiten auszuschöpfen, um im eigenen Leben etwas wirklich Schönes und Heilsames zu suchen und zu finden.

Wo ist das Fenster zur Ewigkeit? Wo?

... zum Bekennen

Es gab Zeiten, da begann ich Begegnungen mit dem Satz: Guten Tag, ich heiße, ... und ich bin schizophren. Später sprach ich dann von Psychoseerfahren oder von Psychiatrieerfahren. Jedesmal brachte ich meine Krankheit, meine Behinderung zum Ausdruck – und gleichzeitig meine Angst vor Nähe, die dazugehört.

An meiner Arbeitsstelle lernte ich, nichts darüber zu sagen, mich statt dessen zu verhalten, einfach zu sein, und vermied damit – besonders bei Fehlleistungen – in eine Schublade gesteckt zu werden. Mir wurde in dieser Zeit auch klar, dass ein Sich-Bekennen mit einer Schizophrenie sehr viel schwieriger ist als mit einer Depression oder einem Burnout. Letztere sind regelrechte Volks- ja, Modekrankheiten geworden. Schizophren ist 1% der Bevölkerung – nachgewiesen in verschiedenen Gesellschaften und Kulturen.

Mit zunehmender Erfahrung im Arbeitsleben nahm die Bedeutung der Krankheit für mein Selbstverständnis ab. Die Krankheit, die Behinderung, ist nicht endgültig, auch wenn sie chronisch ist. Sie ist der Weg in meine Religiosität, meine Überzeugung und meinen Glauben, als Christin, weil dort die Erkenntnis der eigenen Bedürftigkeit enorm anerkannt wird: „Gott zu bedürfen, so hatte ich bei Kierkegaard verstanden, ist des Menschen höchste Vollkommenheit." Dorothee Sölle (Gegenwind). Jetzt und hier geht es mir um Trost und um Sinngebung; ich rede gerne darüber, weiß aber auch um meine Grenzen, um meine Befangenheit.

Bekennen ist ein Teil des Lebens, nicht das Leben selbst; und es entwickelt sich mit dem Leben.

... zum Scheitern

Ist, wer nicht zur Elite der Welt gehört, gescheitert? Ein eigenes Haus, eine eigene Familie und eine gute Arbeit, das ist die Welt der Schönen und Reichen. Es wird uns vorgegaukelt, wir könnten es alle in die Elite schaffen. Die Realität ist anders: Die Elite ist per definitionem eine Minderheit; die Mehrheit hat sich mit einer Mietwohnung oder Obdachlosigkeit, mit Krankheit, mit dem Alleinsein, mit prekären Arbeitsverhältnissen oder Arbeitslosigkeit auseinanderzusetzen, mit dem „Scheitern" eben.

Diejenigen, die in der Geldwelt funktionieren bzw. funktionieren müssen, laufen im Hamsterrad. Diejenigen, die nicht klar kommen, können vielleicht und manchmal – und das ist der Vorteil – auf andere Weise klar werden: in der Kritik an den herrschenden Verhältnissen, im Achtsam-Sein für alles Leiden, im Sich-Stark-Machen beim Widerstand und bei der Verweigerung und bei der Entwicklung eines neuen Lebensentwurfs.

Gescheit sein beim Gescheitert-Sein ist das Ziel.
So denke ich hier und heute, in der einen Welt und im Sommer 2015.

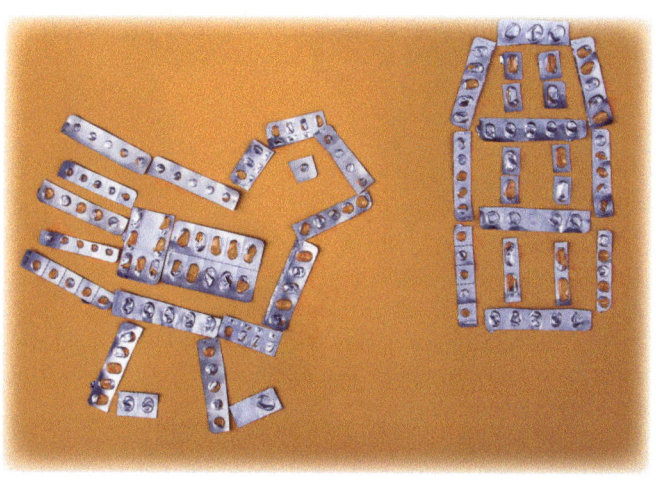

Der Vogel fliegt nicht mehr.
Er läuft in den Käfig.

... zu Listen

Manchmal bin ich kopflos und blockiert; die Trauer um die Vergangenheit und die Angst vor der Zukunft hindern mich daran, geistig gegenwärtig zu sein.
Trotzdem möchte ich den Tag gestalten. Also setze ich mich an den Schreibtisch und fange an, zu listen:

> aufstehen
> frühstücken
> Körperpflege
> anziehen
> Müll wegbringen
> usw.

Listen sind besonders dann angesagt, wenn ich eine Fülle von Arbeitsschritten, Aufgaben oder Themen vor mir habe und Struktur brauche. Nach jedem ausgeführten Punkt der Liste macht es mir außerordentlichen Spaß, die jeweilige Tätigkeit durchzustreichen.

Derartige Listen helfen mir beim Machen und Tun, auch manchmal noch beim Arbeiten, eben bei der Bewältigung des Lebens. Sie bringen mich in Fluss, weil, wie bereits erwähnt, manchmal bin ich kopflos und blockiert. Aber all das ist ein einsames Unterfangen. Beim Handeln, dem Wirken in Beziehungen, brauche ich andere Unterstützung als durch Listen. Die haben sich dann als Hilfsmittel erschöpft.

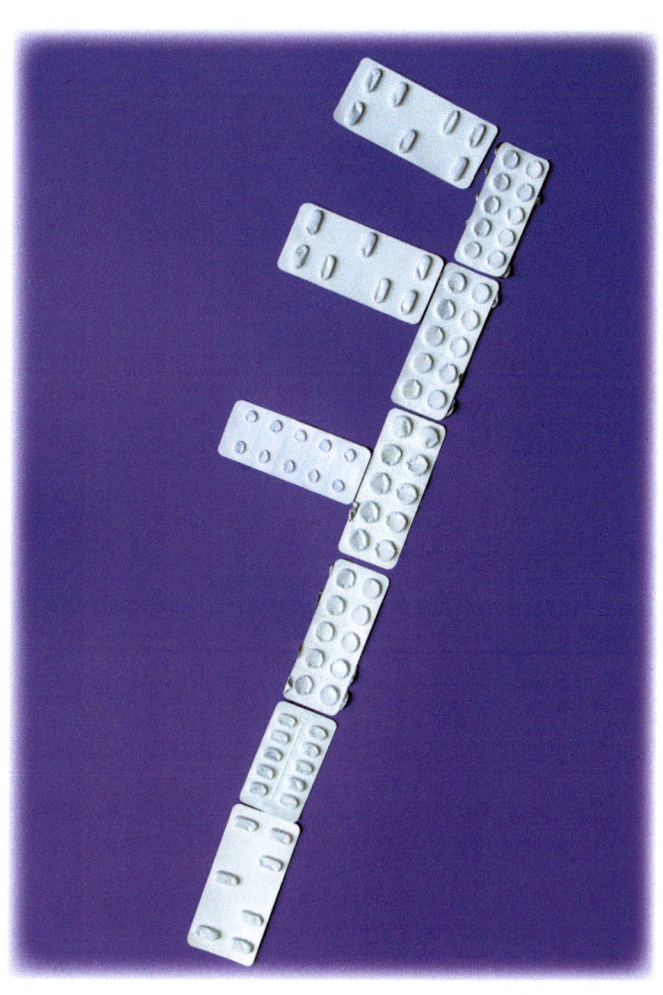

Die Krücke

... zum Schlucken

Beim Entspannen wird es mir bewusst: Meine Gurgel ist verspannt, ich zwinge die Spucke den Hals hinunter.

Alkohol schlucken – freiwillig lasse ich das Trinken am Wochenende sein, weil es mir zu anstrengend wird, den Stoff zu verarbeiten.

Tabletten schlucken – solange ich es schaffe, mein Leben zu leben und sie für mich einzuteilen und regelmäßig einzunehmen, bin ich nach meinem eigenen Verständnis gesund.

Ermahnungen und Zurechtweisungen schlucken – bei der Arbeit und in der Familie verinnerliche ich sie, richte ich mein Denken und Handeln danach.

Auf der Zunge lasse ich es mir zergehen, obwohl es bitter ist: eine arme Schluckerin war ich, ging zugrunde und konnte mir selber leid tun. Schließlich bleibt so mancher Kummer, so manche Sorge bei Ablehnung, Streit und Krankheit als dicker Brocken mir im Halse stecken!

Schreiben ist ja auch ein 'Sich – Übergeben'!

Ich ergebe mich

... zum Rauchen

Seit 10 Jahren bin ich Nichtraucherin. Ich hörte auf zu rauchen, weil ich Durchblutungsstörungen hatte und nicht mehr gut sehen konnte. Auf Anraten meiner Ärztin warf ich Zigaretten im Wert von 20 DM weg.

Neulich sah ich einen Film mit einem Kettenraucher. Dabei fiel mit auf, dass es in der Szene eine Art Alternativkultur des Rauchens gibt – meist mit selbstgedrehten Zigaretten. Wie bei anderen Drogen ist man Sand im Getriebe, aber auf selbstmörderische Art.

Des öfteren habe ich gehört, dass die Besinnung auf das Atmen beruhigt. Ich habe es selbst erlebt, dass ich Kraft eingeatmet und Sorgen ausgeatmet habe.

Tabak ist ein schlechter Verbündeter.
Das Rauchen sehe ich negativ,
keineswegs die Raucher!

... zum Schenken

Mein Urlaub geht zuende; dankbar blicke ich auf das Geschenk des Lebens und die geschenkte Freiheit, es zu gestalten. Ich finde, dass das Schenken in vielerlei Hinsicht eine echte Bereicherung unseres Zusammenlebens ist.

Die inzwischen global geltende Wirtschaftsweise hat das Ziel der Gewinnoptimierung und es bekommt keineswegs jeder Mensch, was er verdient. Sie führt im Gegenteil zu ungerechter Armut, zum Raubbau unserer schon verwundeten Erde und zum Krieg. Viele Menschen leiden unter diesen Auswirkungen. Ansätze, diese Mängel auszugleichen durch Spenden, durch internationale Schuldenerlässe, durch innenpolitische Steuermaßnahmen und Unterstützungen, reichen nicht weit, gehen aber in eine hoffnungsverheißende Richtung, denn Schenken ist immer wieder dringend notwendig.

Im zwischenmenschlichen Bereich gibt es Möglichkeiten, aber auch Schwierigkeiten beim Schenken: ich kann Zeit, Dienste und Aufmerksamkeit, Geld oder Sachen verschenken, meine Gaben können aber auch unpassend sein oder einfach nicht gefallen.

Grundsätzlich jedoch entkrampft eine Kultur des Schenkens; sie reduziert psychisches Leiden, weil sie Freude und Dankbarkeit hervorruft. M. E. ist nach Trauer und Schmerz Dankbarkeit eine mögliche Alternative; Dankbarkeit ist eine sich zuverlässig erneuernde Quelle für positives Erleben.

59

... zur Langsamkeit

'Sie ist eine Träne', sagt er am Telefon über mich in meiner Anwesenheit.

Egal, ob es im Haushalt um Wäsche Aufhängen oder bei der Arbeit um die Bedienung der Rechenmaschine geht: Ich brauche meine Zeit. Bei mir dauert es, auch wenn ich das bedaure. Dass ich selber für Tempo stehe, äußert sich darin, dass ich in der Walkinggruppe gerne bei den Schnellen bin und mich bei einem umfangreichen Arbeitspensum bremsen muss mit der Regel: 'eins nach dem anderen'.

Die Informationstechnologien haben sich rasant entwickelt, und mit ihnen hat sich das Denken im gesellschaftlichen Leben beim Produzieren und Konsumieren, beim Handeln im menschlichen Miteinander in einem Maße beschleunigt, dass ich mich überfordert fühle. Ich stelle ganz oft fest, dass mein Denken, mein Reflektieren des Alltags sehr viel langsamer ist als der schnelle Datenaustausch normalerweise. Außerdem brauche ich für die Einarbeitung in die Programme so viele Stunden, die jederzeit zu investieren ich nicht bereit bin.

Langsamkeit ist ein Geschenk; sie geht einher mit Ruhe, mit Leere, die mich für das Andere, das Geheimnis des Lebens, für Fragen öffnen kann, umgeben von einer Fülle der Machbarkeit und von Antworten. Mit einer zu dieser Umgebung immer wieder neu geschaffenen, selbstverständlichen Distanz lässt sich gut leben.

Can you put your hand in your head?
Oh no!

... zur heilsamen Ruhe

Endlich Urlaub.
Drei Wochen.
Zuhause.

Jeden Tag mache ich etwas Schönes.
Ansonsten heißt es der Muße frönen:
liegen und ruhen und ruhen und liegen und
liegen und liegen und ruhen und ruhen.

Dabei lasse ich die Menschen vor meinem inneren Auge
defilieren, die ich kenne, die ich mag. Ich gebe ihnen Raum
in meinen Gedanken; ich gebe ihnen Zeit in meinem Atem.

Das Resultat:
Ich fühle mich aufgehoben in mir und der Welt.

... zum Tod

Heute möchte ich sie finden – sie tot, ich lebendig; ich habe die Vorstellung: sie ist erhöht; ich habe den Eindruck: ich bin hier unten – es ist eine Eiche, zwischen deren Wurzeln sie ruht, an deren Stamm ein Vogelhäuschen hängt, vor der ich ruhiger werde.

„Ich bin dankbar für dein Verständnis. Du erspürtest, dass ich ehrgeizig bin und dass ich kaum in der Lage bin, bei allen Anstrengungen das Leben zu genießen – Gründe für ein schweres Leben, Schwächen, die ich bedaure."

Meine Trauer über den Verlust derjenigen, die vom Tod erfasst wurden, ist nun hier präsent.

Noch ist in mir die Angst vor dem Tod größer als die Freude auf ihn. Er ist ein Risiko beim Abenteuer des Lebens. So wie das Leben ist jedoch auch er ein Geschenk. Ein Glück, dass das lebenslange Ringen um die materielle und um die geistige Existenz ein Ende hat. Mit ihm ist Hoffnung verbunden auf ein Leben ohne Beschränkungen, in der Weite, die die Seele sich sucht, auf ein ewiges Leben.

Jetzt aber heißt es: wirklich Abschied nehmen, weiter laufen und stille werden.

66

MUTMACHTEXTE

persönlich

Frau mit drei Bällen

Sie spielt mit drei Bällen: blau, gelb und rot; Zeit, Geld und Kraft. Blau steht für die Zeit, gelb für das Geld und rot für die Kraft. Zeit ist ihr gegeben, das spürt sie. Geld kommt, mal mehr, mal weniger, von allen Seiten zu ihr.

Den roten Ball, die Kraft, den verliert sie manchmal, und dann besteht ihr größtes Kunststück darin, mit den anderen zwei Bällen weiter zu hantieren, während sie den roten sucht und mit viel Geschick und einigem Glück aufhebt.

Sie spielt in ihrem kleinen Saal. Vier Jahre ihres Lebens hat sie damit verbracht, jonglieren zu lernen, in Häusern und Zentren, wo Leute sind, die das Leben üben müssen. Diese Menschen gelten als krank oder behindert. Sie fühlt sich nicht so; sie fühlt sich einfach schwach in dieser Welt, auf dieser Erde, und sie hat sich entschlossen, mit ihren drei Bällen zu leben. Andere spielen mit fünf und mehr, mit Fackeln, Ringen und Keulen, wieder andere mit einem, oder sie machen Pantomime. Sie hat den Saal für sich eingerichtet, spielt dort im Stehen, im Gehen und auch im Stolpern.
Manchmal wiegen die Kugeln in ihren Händen so schwer, dass sie sie alle von sich werfen möchte. Bei ihrer Lebenskunst, Lasten zu tragen und loszulassen sowie das Gleichgewicht zu halten, tut ihr jedoch die Blickrichtung, das Nach-Oben-Sehen, so gut!

Wenn sie mal im Schlaf vom Jonglieren geträumt hat, fühlt es sich so an, als habe sie Elan für zwei und sie agiert mit doppeltem Tempo. Dann ist wieder wirklich jemand da, der mit ihr spielt, und sie tanzen und springen und drehen sich.

2009

Stress mit Neonazis

Am Ende eines kleinen Entscheidungsprozesses steht mein Entschluss, von 10 bis 14 Uhr dabei zu sein, bei der Versammlung, die getrennt und parallel zum Aufmarsch der angereisten faschistischen Berufsdemonstranten angesagt ist. Meine Pendler-Kollegin kam zu einem ähnlichen Ergebnis; meine Freundin bleibt zuhause – aus Angst und weil sie die Meinung vertritt, man würde denen damit nur Aufmerksamkeit schenken.

Ich fahre allein mit dem Fahrrad zur Clemenskirche. In den Hosentaschen habe ich meinen Personalausweis, etwas Geld, meine medikamentöse Mittagsdosis, einen Lippenstift und ein Taschentuch. Als ich die Polizeiwagen sehe – aus Köln und Recklinghausen – fange ich an zu zittern. Dann finde ich die ersten Bekannten, weiße Bänder werden verteilt. Eine Frau spricht über ihre Aufregung. Eine frühere Mitschülerin von mir, die in meiner Nähe wohnt und die ich sonst so gut wie nie sehe, spreche ich auch an – aus einer anderen Nähe heraus.

Die verschiedenen Reden sind engagiert, ich versuche, mich zu konzentrieren und klatsche, wenn ich etwas wichtig finde. Bei der lauten Rockmusik springt wie früher ein Funke über. Als Stefan P., den ich als Berater aus dem PSZ (Psychosoziales Zentrum) kenne, seine fundierte Analyse und seine richtigen und mutigen Schlussfolgerungen vorgetragen hat, fahre ich weiter zur Christuskirche.

Dort sind Christen verschiedener politischer Richtungen und Altersgruppen. Das Szenario ist mir vertraut und ich fühle mich heimisch. Die Andacht tut gut. Die Pastorin hat erkannt, dass wir Ruhe brauchen. In der Stille wird mir bewusst, dass ich die ganze Zeit bei mir geblieben war, es ausgehalten habe, zwischen Konservativen und Punks zu stehen. Ich sehe mich als eine aus der Nachkriegsgeneration, die auch wegen der Tabuisierung von Konflikten verrückt geworden ist. Und nun kann ich diese Ruhe nutzen, um Kraft zu entwickeln, das Feuer in mir zu nähren, Voraussetzungen für einen langen Atem zu schaffen. Ich beschließe, das Plakat vom Ausländerbeirat mit Sophie und Hans Scholl sowie Christoph Probst 14 Tage lang für die Mitbewohner in unserem Mietshaus an die Wohnungstür zu kleben. Ein Glaubensgenosse, in den 30er-Jahren geboren, spricht ausführlich von den Nazis damals und dem Krieg. Andere tragen Fürbitten vor und zünden Lichter an.

Danach tummele ich mich zwischen den Leuten. Ein kleiner Junge kommt auf mich zu und will alles über unsere neuen Glocken wissen. Es besteht Unsicherheit, ob der Aufmarsch überhaupt an der Hülsebrockstraße vorbeikommen wird. Eigentlich wollen wir uns mit dem Rücken zur Straße dort als Menschenkette aufbauen, ihnen die kalte Schulter zeigen.

Ich merke dann aber bald, dass meine Kraft zur Neige geht. Ich breche ab und fahre nach Hause, um mein Leben zu leben. Das letzte, was ich höre: es sind 70 Faschisten. Wir sind 1400 Antifaschisten – bunt statt braun, vielfältig statt einfältig.

Der Aufmarsch ist nicht gelungen.
Sie sollen nie wiederkommen!

2006

Ein offener Wunsch

Ich bin Marga. Ich hab's nicht leicht. Mein Vater war psychotisch, solange ich ihn bewusst wahrnahm. Meine Mutter hat immer, bis zum Schluss bei ihrem Testament, meine Brüder vorgezogen, weil ich als Mädchen für sie nicht so wertvoll war. Immerhin konnte ich damals, als ich bei ihr wohnte, für mich gute Kleidung kaufen. Was habe ich schon tolle Sachen verschenkt oder billig abgegeben! Ich selber bekomme nie etwas, das mehr als 5 Euro kostet, geschenkt.

Nach wie vor sehe ich noch gut aus mit 50 Jahren, weil ich sehr schlank bin. Ich rauche gerne und viel. Das zieht ins Geld, deshalb bin ich nicht mehr so schick.

Ich bin gebildet und blicke durch. Doch niemand versteht mich und meine Analysen richtig.

Als es soweit war, dass ich für meine Alte hätte sorgen müssen, habe ich das abgelehnt. Ich wollte für mich da sein. Das ist schwer. Mir geht es immer schlecht, egal, ob ich Medikamente nehme oder nicht. Ständig fühle ich mich von Fremden bewohnt. In den vergangenen 2 Jahren war ich 7 Mal in stationärer Behandlung. Ich hielt es in meiner Wohnung trotz Betreuung nicht aus.

Ich bin sehr allein und dabei schwach. Mit einer Freundin von früher zusammen sein und eine Pizza teilen – das wär's!

2009

Alleinsein

Zu den Bedingungen meiner Krankheit gehört, dass ich Angst vor Nähe habe bzw. ein ganz großes Misstrauen anderen Menschen gegenüber. Das führt gelegentlich dazu, dass ich unvermittelt verstumme. Der einzige Weg, überhaupt etwas zu sagen, besteht dann darin, über meine Erfahrungen mit mir zu sprechen. Dabei können Mauern fallen. Das ist oft meine Rettung.

Als junger Mensch versuchte ich, mein Problem mit Sex and Drugs and Rock 'n Roll zu kompensieren. Ich begegnete bei diesem Lebensstil interessanten Menschen, doch er hat mehr geschadet als genutzt: Ich wurde psychotisch.

Seit dreißig Jahren bemühe ich mich um eine Rückkehr zur Realität. Dabei gestalte ich meinen Lebensraum als Alleinstehende, als Alleingehende. Ich sehne mich nach einer Umkehr im Umgang mit meiner Angst, der ich immer wieder ausgeliefert bin

Meine momentane Situation dauert seit ca. 20 Jahren an. Betroffen sind alle Bereiche meines Lebens, auch die Arbeitsstelle; ich bin dort mit guten Menschen zusammen, davon bin ich überzeugt. Auch mein Vermieter ist verständnisvoll und mit den Mietnachbarn besteht ein freundlicher Grußkontakt, ähnlich wie mit vielen Bekannten, die ich im Dorf treffe. – Ich habe einen kleinen Freundes- und einen großen Bekanntenkreis. Auch pflege ich Kontakt zu meiner Generation in der Familie.

Wenn mich ein mir wichtiger Mensch jedoch nicht mehr annimmt, sich von mir distanziert, gerate ich in Panik. Das ist mir mit meiner Schwester passiert und mit einer guten Freundin. Das soziale Netz, das mich trägt, ändert sich naturgemäß laufend, und das ist aufregend!

Erwachsen zu sein und für mich zu sorgen, schafft Selbstbewusstsein und bringt Ruhe.

Ich habe keine eigene Familie, kenne kaum jemanden aus der kommenden Generation. Mein Alter zu gestalten – jetzt bin ich 61 – ist mühsam. Ich gehe die Themen Patientenverfügung, Krankenhaustasche, Vollmacht oder Betreuungsverfügung, Testament und Todesfall in kleinen Schritten an.

Der Vorteil des Alleinseins ist, dass ich mein Hobby, Lesen und Schreiben, ausüben kann. Es brachte mich aber auch mit der KLINKE-Redaktion in Kontakt. Der Nachteil dieses Alleinseins ist, dass etwas ganz Wesentliches nicht zum Tragen kommt: nämlich, dass ich ein soziales Wesen bin. Tröstend dabei ist, dass Lesen und Schreiben eine Form von Kommunikation sein können.

Für meinen Weg finde ich in der christlichen Gemeinde Halt und Orientierung. Eine weitere Möglichkeit, mein Alleinsein zu gestalten, ist, auch für andere Menschen, für den konziliaren Prozess, für Gerechtigkeit, Frieden und Bewahrung der Schöpfung zu beten.

All-ein als Paradox, das das Leben prägt!

2014

Psychoseerfahren - Was bedeutet es für mich?

Meine schlimmsten psychotischen Erfahrungen machte ich in einer Phase von drei Jahren, in denen ich keine Medikamente nahm und regelrecht auf der Flucht war, weil ich so schlechte Erfahrungen mit psychiatrischen Ärzten und Kliniken gemacht hatte. Die Psychose bestand aus einem umfangreichen Wahnsystem und umfassenden Halluzinationen.

Dem vorausgegangen war eine Entwicklung, die damit begann, dass ich mit meinem eigenen Leben gegen die realen Verhältnisse, die ich als geldbesessen und ungerecht empfand, protestieren wollte, und in der ich, ausgehend von der Dialektik des Marxismus, mehr und mehr in Widersprüchen dachte: z.B. arm und reich, Mann und Frau. Ich dachte gar nicht daran, mein Leben zu gestalten und ließ mich treiben.

Als ich dann doch in psychiatrische Behandlung kam, hatte ich eine Zeit lang überhaupt keine Gedanken. Nach und nach erst näherte ich mich der Realität durch Tun und Reflektieren an.

Seitdem ist der jeweilige Arzt nicht nur für meine Medikation zuständig, sondern er ist auch eine Instanz, vor die ich bestimmte Entscheidungen bringe. Nur, wenn er seine Zustimmung gibt, habe ich den Mut, mich zu verhalten: z.B. bei der Auswahl meiner Lektüre. Da gibt es Bücher, die ich einfach nicht vertrage. Trotzdem begegne ich dem Arzt mit einer gewissen Kritikfähigkeit: Sieht er mich in erster Linie als krank an oder sieht er zumindest gleichwertig meine gesunden Anteile?

In seiner Schrift 'Der Mann Moses und die monotheistische Religion' stellt Sigmund Freud die individuelle Neurose mit der Religion der Gemeinschaft auf eine Stufe und betont den Zwangscharakter von beiden. Es mag sein, dass psychische

Erkrankung und Glaube die gleichen Wurzeln haben: eine tief empfundene Bedürftigkeit oder auch Angst und Auflehnung gegenüber den Normen der Gesellschaft. Die Anerkennung einer Transzendenz und die Liebe zu ihr relativieren das Leben und den Tod auf der Erde.

Während auf der einen Seite aber Unruhe und Rastlosigkeit die Folgen sind, gibt ein Leben mit der Religion Trost und Geborgenheit. Sie ist für mich als Christin befreiend und nicht einschränkend. Ich finde, gläubig sein, Jesus nachfolgen, heißt kreativ sein. Ich verbringe viel Zeit damit, wie ich mit der gebliebenen Unsicherheit bezüglich Wahrnehmen, Fühlen, Denken und Wollen umgehe und wie ich mein Leben organisiere. Immer wieder neu gebe ich jedem Tag eine Struktur mit dem Wechsel von Aktivität und Ruhe.

Trotzdem, die Behinderung von 30% auf meiner Seite macht sich im Zusammenleben bemerkbar. Ich stelle drei mögliche Reaktionen auf meine Defizite bei Nicht-Psychose-Erfahrenen fest:
Zum einen: "Du bist selber schuld, sieh zu wie du fertig wirst. Ich will möglichst wenig mit dir zu tun haben." – Das ist hart.
Zum andern: „Ich nehme deine Erkrankung zur Kenntnis und bleibe lieber auf Distanz zu dir." – Das reicht mir.
Schließlich: „Ich kann dir zwar nicht helfen, aber wenn du in Schwierigkeiten bist, halte ich zu dir." – Das ist die Grundlage für eine Freundschaft.

Durch meinen Glauben habe ich die Möglichkeit, alles – Unfrieden und Frieden, Verletztheiten und Glück – vor Gott zu bringen. Es kommt vor, dass ich zum Heiligen Geist bete, er möge die Dinge zum Guten fügen.

Es gibt Tausende von schönen Textstellen in der Bibel und in der sonstigen religiösen Literatur. Ich möchte mit der folgenden aus der Matthäus-Passion von Johann Sebastian Bach aufhören:

Befiel du deine Wege
und was dein Herze kränkt
der allertreusten Pflege
des, der den Himmel lenkt.
Der Wolken, Luft und Winden
gibt Wege, Lauf und Bahn,
der wird auch Wege finden,
da dein Fuß gehen kann.

2012

Psychose als Jenseits

In meiner Psychose, sie ist bereits über zwanzig Jahre her und wirkt doch noch, kehrte ich mich ab vom Leben mit seinen Qualen, aber auch mit seinen Chancen.

Der Mensch ist ein soziales Wesen, er lebt von und in Beziehungen verschiedenster Art. Ich dagegen isolierte mich, zog mich immer mehr zurück in eine Welt des Wahns und der erfundenen Bedeutung von Wörtern. Meinem System von telepathischen Beziehungen lag der Wunsch nach einer Partnerschaft zugrunde. Ich war innerlich erstarrt und konnte das, was ich erlebte, nicht aufnehmen und verarbeiten. Jetzt sehe ich die Zeiten des Alleinseins als Möglichkeiten, genau dies zu tun. Ich benutze meinen Verstand, um mein Leben zu gestalten.

In den Zusammenhängen, die ich mir in den 70er und 80er Jahren in der Großstadt ausgewählt hatte, erfuhr ich einen Prozess, in dem ich mehr und mehr sprachlos, interesselos, halt- und willenlos wurde. Mir war ein Stück Würde abhanden gekommen. Immer wieder erfuhr ich Verachtung, als Frau, als Mensch.
Wenn ich anderen begegnete, hatte ich Halluzinationen in dem Sinne, dass ich Worte hörte und Gesichtsausdrücke sah, die nicht real waren. Seltsamerweise erspürte ich diese Wahrnehmungen als Einbildungen; sie verunsicherten mich aber so sehr, dass ich nichts sagte und jeden Blickkontakt vermied.

Ich las und las und las, doch die Inhalte meiner Lektüre fielen auf keinen Grund. Wenn ich lag und die Augen schloss, träumte ich im Wachzustand Texte, die ich mir vorlas und von denen ich nichts verstand.

Getrieben von Süchten versuchte ich Boden unter den Füßen zu bekommen, doch mir fehlte jede Idee, jeder Gedanke, um mein Leben strukturieren zu können. Es gab keine Perspektive, die ich hätte verfolgen können.

Ich war dem Leben abgewandt. Es war leer. Ich versuchte, es durch die Psychose zu füllen, doch weil dies ein einsames Unterfangen war, war es eine Art Tod. Ich war erkaltet, tappte in der Dunkelheit. Mein Bett in der Psychiatrie war wie ein Grab, das für mich ausgehoben worden war.

Die Psychose als Negation des Lebens, als Abgrund, in den ich stürzte, als Endstation eines verfehlten Weges hat mich so erschreckt und so geprägt, dass ich ihr ganz bewusst entgegengesteuert habe. Sie war und ist weitgehend eine Motivation für meinen Lebensstil, so dass ich die jüngere Vergangenheit und die Gegenwart positiv sehen kann.

2009

Mit der Krankheit umgehen

Manchmal tut es gut, Bilanz zu ziehen, festzuhalten, wie die eigene Situation in Bezug auf einen Aspekt des Lebens aussieht. Hier sind vier mir lebenswichtige Aspekte:

1.) Zur Ruhe kommen
Seit 1997 mache ich Autogenes Training. Dabei handelt es sich um eine Kurzversion, die meine Ärztin entwickelt und mir nach langer Überzeugungsarbeit beigebracht hat.
In vier Phasen spreche ich meinen ganzen Körper, Puls und Atem, mein Sonnengeflecht und meine Stirn an. In jeder Phase spreche ich in Gedanken einen positiven Satz, den ich nach Rücksprache mit meiner Ärztin ändern kann. Mit folgenden Sätzen habe ich in den vergangenen Jahren versucht, mich zu beruhigen:

> Ich gehe meinen Weg Schritt für Schritt.
> Gedanken sind gleichgültig, Ruhe ist wichtig.
> Überall und jederzeit Ruhe und Gelassenheit.
> Ich bin mir meiner selbst bewusst.
> Ich bin bei anderen Menschen ganz ruhig,
> > fest und frei.
> Ich bin hoffnungsvoll und zuversichtlich.
> Ich nehme mich an.

Ich mache das Autogene Training morgens im Bus, zuhause auf dem Bett und wann immer es mir einfällt. Ein Durchgang dauert nur fünf Minuten. Manchmal mache ich zwei oder mehr Durchgänge an einem Stück. Zum Schluss strecke und recke ich mich.

Oft genug muss ich feststellen, dass ich rappelig und nervös bin. Doch das kann ich mit den Übungen in Schach halten, und insgesamt bin ich nicht so schnell gestresst und aufgeregt wie früher. „Danach dürfen Sie süchtig werden.", sagte meine Ärztin beim Üben.

Eine Entspannungsmethode zu erlernen, sei es Autogenes Training oder sei es Progressive Muskelentspannung nach Jacobson, kann ich nur empfehlen.

2.) Die Arztwahl

Es hat Jahre gedauert, bis ich bereit war, gegen meine Psychose, für meine Normalität, ein Medikament zu nehmen. Es war ein Schritt der Anpassung. Ich blieb aber kritisch, was die Auswahl meines Psychiaters anging. Folgende vier Kriterien sind für mich wichtig:

a) Die Ausbildung

Es spielt eine Rolle für mich, dass der Arzt außer einer Fachausbildung auch psychologisches, psychotherapeutisches Verständnis hat, weil ich die Medizin nur als Grundlage sehe, auf der ich aufbauen kann, die mich befähigen soll, für das Leben zu lernen.

b) Der Status

Ärzte, die eine eigene Praxis haben, sind Unternehmer. Wenn ich Probleme am Arbeitsplatz habe und davon sprechen möchte, kann ein angestellter Arzt mich eher verstehen.

c) Das Alter

Je älter ich werde, desto wichtiger ist mir, dass mein Arzt ebenfalls Lebenserfahrung und auch fachliche Erfahrungen gesammelt hat. Es wird auf mich, jetzt 56 Jahre alt, zukommen, dass ich mit einer jüngeren Ärztin zurecht kommen muss. Das wird schwierig, denke ich.

d) Das Geschlecht

Ob ich bei einer Ärztin oder einem Arzt in Behandlung bin, spielt eine Rolle. Bei einer Ärztin erfuhr ich einen intensiveren emotionalen Kontakt mit persönlichen Impulsen. Bei einem Arzt ging es in erster Linie um professionelle medizinische Begleitung.

Grundsätzlich sehe ich es so: In dem Maße, in dem ich in der Lage bin, die Begegnung mit meiner Ärztin oder meinem Arzt zu gestalten, in dem Maße bin ich auch fähig, andere Situationen, mein Leben im Allgemeinen, zu gestalten.

Die differenzierteste Unterstützung erhalte ich seit über zwanzig Jahren in Briefen von einem angestellten Arzt mit Therapieausbildung, der in der Ambulanz einer Bezirksklinik in Bayern arbeitet.

Es stimmt, was meine niedergelassene Ärztin hier vor Ort mir oft gesagt hat: Ich bin selbst meine beste Therapeutin. Sie ist meine Supervisorin. Ich behalte das Heft in der Hand.

3.) Übergewicht
Vor vier Jahren beschloss ich, mein Gewicht, ich wog ca. 83 kg bei einer Größe von 1,72 m, zu reduzieren. Den einen Grund für mein Übergewicht, das Medikament Clozapin, konnte ich nicht ändern. Ich war jedoch bereit, meine Ess- und Trinkgewohnheiten von Grund auf umzustellen. Um mich mental einzustimmen, bestellte ich Broschüren aus dem Verzeichnis
'Publikationen für Verbraucher und Fachkräfte' über die
Deutsche Gesellschaft für Ernährung e.V.
Postfach 930201
60457 Frankfurt

Sie empfiehlt, verschiedene Lebensmittel entsprechend einer Lebensmittelpyramide aufsteigend und abnehmend verschieden zu gewichten: Grundsätzlich ist das Trinken von viel, viel Wasser angesagt. Darauf aufbauend sollte man Obst und Gemüse in großen Mengen zu sich nehmen und dabei die Regel „5 am Tag" beachten, d.h. jeden Tag fünf verschiedene Sorten von den bunten Lebensmitteln auf den Speiseplan zu bringen und damit auch Krebs vorzubeugen. In der Tat gehe ich bei der Planung meiner Hauptmahlzeit von Gemüse aus und esse viel Salate. Brot, Kartoffeln, Getreide und Nudeln sind danach wichtig. Deshalb esse ich morgens ein Müsli. Milchprodukte, Fleisch, Fisch und Eier dürfen schon weniger sein. Mit Fetten sollte man sparen und Salziges, Süßes und Alkohol nur als Ausnahme zu sich nehmen.

Immer noch zähle ich täglich Kalorien anhand der folgenden Broschüre:
Sven-David Müller-Nothmann
KALORIENAMPEL (mit 3000 Lebensmitteln)
Knaur Verlag

Um abzunehmen, versuche ich, bei 1200-1500 Kalorien zu bleiben, ansonsten bei 1700-1900. Ich habe es aufgegeben, mich durch Essen zu trösten. Ich genieße das Essen jedoch sehr. Immer wieder freue ich mich auf meine Mahlzeiten; sie sind oft das Schönste an einem Tag.

Im Laufe eines Jahres nahm ich 14 kg ab. Grundsätzlich nehme ich im Winter ca. 4 kg zu. Mein Körper reagiert instinktiv bei Kälte mit dem Signal „Verschaff dir Energie!" Im Sommer aber auch umgekehrt: "Gib Fett ab!" Das finde ich o.k.

Ich fühle mich gut in Futter, bin aber mit meinen 69 kg zufrieden.

4.) Immer wieder daneben – zurecht kommen
Es gibt Tage, da fallen mir wichtige Dokumente aus der Hand, und ich muss sie auf dem Fußboden zusammensuchen; da renne ich gegen Schreibtischecken und bleibe mit dem Blusenärmel an den Türklinken hängen, weil ich so fahrig bin. Das ist mir peinlich und unangenehm in den jeweiligen Situationen. Ich kann dann einfach nicht darüber lachen und leide unter meiner Ungeschicklichkeit.

Zu meinem alltäglichen Erleben gehört auch, dass ich Angst vor Nähe habe. Ich bin andern Menschen gegenüber schnell verwirrt. Es ist kein Zufall, dass ich Single bin. Es gibt Beziehungen, in denen ich mich akzeptiert fühle in meiner Art zu kommunizieren; dann erzähle ich ganz viel von mir und meinen Erlebnissen. Teilweise bin ich dabei so angestrengt, dass ich überlaut rede, so dass man mir nicht mehr zuhören mag. Manchmal halte ich mich zu meiner eigenen Sicherheit an Floskeln der Höflichkeit, die ich in meiner Familie gelernt habe oder mir im Laufe meines Lebens ausgedacht habe. Ein wirklicher Kontakt kommt dadurch aber nicht zustande.

Es gibt auch Situationen, da bin ich so genervt und gereizt, dass ich mein Gegenüber verletze; da bin ich so blockiert, dass ich nichts sagen kann, nicht reagieren kann, wenn mich jemand anspricht. Dann erlebe ich Ablehnung und Unverständnis. Es endete die Beziehung zu einer anderen Patientin, die meine Ärztin angeregt hatte, aufgrund einer Provokation meinerseits, und sie, die Ärztin, gab mir den Rat, ein psychologisches Buch über Kommunikation, ANLEITUNG ZUM UNGLÜCKLICHSEIN von Paul Watzlawik, zu lesen. Das lehne ich jedoch zum jetzigen Zeitpunkt ab. Statt dessen nehme ich mir Jahre Zeit, um die gesammelten Werke von Dorothee Sölle (1929-2003) einer Befreiungstheologin, nachzuvollziehen.

Ich glaube, dass durch eine intensive Beziehung zu Jesus Christus sich auch meine Beziehungen hier auf der Erde verbessern können. Durch seine Liebe kann ich mich selber akzeptieren, auch wenn es anderen anders geht und Disharmonie herrscht bzw. man sich aus dem Wege geht.

2010

Achtung Trägerstoffe

Meine Ärztin meinte es gut mit mir: Sie schenkte mir etliche Packungen meines Medikamentes, damit ich Rezeptgebühren sparen könne. Doch das Resultat war eher belastend: Ich quälte mich wochen- ja monatelang mit Symptomen meiner Krankheit. Dann kam ich auf eine Idee: Vielleicht hatte ich Schwierigkeiten, weil die geschenkten Tabletten von einer anderen Firma kamen als die zusätzlich verschriebenen?!
Ich habe das Problem nicht wissenschaftlich analysiert, bin aber dennoch zu folgendem Schluss gekommen: Gesundheitspolitiker, Krankenkassen und Ärzte behaupten, nur auf den Wirkstoff eines Medikamentes komme es an. Dabei sei es egal von welcher Firma er komme! Doch verschiedene Firmen verwenden verschiedene Trägerstoffe, und das ist gleichsam von großer Bedeutung. Was ist ein Trägerstoff? Apotheker, die ich fragte, gaben mir folgende Auskünfte: Ein Trägerstoff – oft ist es Milchzucker bzw. Laktose – wird zum Auffüllen einer Tablette benötigt, da der Arzneistoff, der die beabsichtigte Wirkung herbeiführen soll, nur in geringer Dosis vorkommt. Er wird durch den Trägerstoff fließfähig gemacht bzw. gleichmäßig verteilt. Patienten mit unterschiedlichen Krankheiten haben jedoch festgestellt, dass es sehr wohl auch vom Trägerstoff abhängt, wie der Körper den Wirkstoff erschließt. Nicht ökonomische Aspekte sollten über die Auswahl eines Medikamentes entscheiden, sondern einzig der Körper des Patienten. Deshalb aufgepasst: Wirkstoff und Trägerstoff der Tabletten sind wichtig und müssen zum jeweiligen Körper passen.
Bei mir hatte die Veränderung der Medikation eine regelrechte Krise ausgelöst. Ich konzentrierte mich auf mein zweites Standbein, nämlich mit viel Disziplin, Struktur und Rhythmus in meinem Leben aufrechtzuerhalten. So überstand ich die Zeit der Irritationen ohne weitere schlimme Konsequenzen wie Krankschreibung oder stationären Aufenthalt.
2008

Eine Welle Taxlan spült hinweg den Größenwahn

"Möglichst gesund bleiben"

Nach dieser Devise bin ich mein Ess- und vor allem mein Bewegungsverhalten angegangen. Dabei habe ich mich zunächst informiert und dann geübt, um Routine zu erlangen. Ich wollte z.T. auch neue Gewohnheiten herauszubilden, indem ich mich nach jedem positiven Verhalten kognitiv verstärkte und mir die guten Auswirkungen klar machte.

Konkret:
Im vergangenen Jahr habe ich meine Ernährung umgestellt. Ich bin jetzt auf der BMI-Graphik (Body Measure Index) im normalen Bereich. Ich finde mich auch hübscher auf Fotos. Das, was ich mir erlaube zu essen, genieße ich sehr!

In Bezug auf Bewegung hatte ich vor fünfzehn Jahren ein großes Nachholbedürfnis. Immerhin hatte ich jahrelang nach dem Motto 'Sport ist Mord' gelebt. Um das zu ändern, machte ich erst einmal sechs Wochen lang Gymnastik anhand eines TK-Posters (Techniker Krankenkasse) in meinem Wohnzimmer, um nicht mit schlechter Kondition aufzufallen, bevor ich in einem Verein zum Walking ging. Ich lernte die Technik, ohne Stöcke, mit viel Armeinsatz, gehe jahrein, jahraus im Schnitt zweimal in der Woche zum Treffen, das in einem schönen Wald- und Heidegebiet stattfindet. Jedes Mal spüre ich die Endorphine und sage mir: „Es hat sich wieder gelohnt, den 'inneren Schweinehund' zu überwinden.", auch wenn es mal geregnet hat. Die frische Luft lernte ich schätzen und gab spontan das Rauchen auf.

Aus Interesse kaufte ich das Buch HANDREFLEX-ZONENMASSAGE von Carsten Klemann. Ich stellte mir ein 'Pflegeprogramm' zusammen, das ca. fünf Minuten dauert und das ich auf dem Weg zur Arbeit an der Haltestelle durchführe. Ich habe nicht den Anspruch, damit Krankheiten heilen zu können, möchte einfach nur die entsprechenden Organe aktivieren und stelle fest: Es schadet nicht. Ein gutes Körpergefühl wird aufrechterhalten.

Ein zweites Gesundheitsbuch (mit CD) reizte mich: KINESIOLOGIE von Petra Gensler.
Ich pickte mir einige Übungen heraus, die z.T. für die Verbindung der Gehirnhälften gut sind und z.T. beim Wachwerden helfen. Bevor ich morgens aus der Wohnung gehe, mache ich sie vor der offenen Terrassentür: Ein unbeschwerter Start in den Tag gelingt mir so.

Im vergangenen Augusturlaub eignete ich mir das 10-Minuten-Programm für den Rücken an, das ich einem TK-Flyer entnahm. Ich mache es, wann immer ich daran denke, etwa drei- bis viermal in der Woche. Meine Beschwerden im unteren Rückenbereich, Verspannungsschmerzen, habe ich so in den Griff bekommen. Ich sehe auch diese Übungen präventiv: Meine Büroarbeit muss ich noch jahrelang verrichten und das geht trotz aller Hilfen auf den Rücken; so habe ich die Hoffnung, es ohne schwerere Schäden zu schaffen.

Im Spätsommer und Herbst dieses Jahres schließlich brachte ich mir das Sonnengebet, eine Yogaübung, bei. Ich fand das Buch von Sebastian Painadath, welches mir half, eine adäquate, andächtige Haltung für die Leibesübungen zu entwickeln. Ich führe sie im Urlaub und am Wochenende aus und empfinde sie als wohltuend und vielversprechend.

Mein Bedarf an Übungen ist nun gedeckt. Ich bleibe am Ball im wahrsten Sinne des Wortes: Vor meinem Schreibtisch daheim sitze ich auf einem grünen Gymnastikball. Die Bewegungen beim Sitzen stärken meine Rückenmuskulatur. Mit meiner neuen Praxis im Umgang mit meinem Körper verbinde ich die Einstellung, wichtige Erfahrungen zu sammeln.

Ich versuche immer wieder mit Disziplin, regelmäßige Rhythmen von Aktivität und Ruhe einzuhalten. Ein gesundes Gottvertrauen entfalte und pflege ich im sonntäglichen Gottesdienst; das gibt Halt, auch wenn ich dann mal krank bin!

2007

Negativ – negativ – positiv

Mit der Krankheit zu leben, heißt für mich auch, mit zwei schwierigen Aspekten konfrontiert zu sein, über die ich in den vergangenen Monaten nachgedacht und aus denen das Beste zu machen ich versucht habe: Zum einen bin ich manchmal einfach dumm – meine Ärztin sagt: das ist eine Pseudodemenz. Zum andern fühle ich mich klein aufgrund vielerlei Fehlverhalten – das sind dann Schuldgefühle.

Als Kind war ich im Vergleich zu meiner älteren Schwester manchmal so clever, dass sie mich hasste, weil unser Vater uns gegenseitig ausspielte. Ich dagegen entwickelte Schuldgefühle in Verbindung mit meiner Intelligenz. Es fiel mir schwer, zu meinen intellektuellen Leistungen zu stehen, weil ich die Ungerechtigkeit und Härte für meine Schwester spürte. Insofern gehören beide negativen Aspekte für mich zusammen.

Es gab Zeiten, in denen dachte ich: „Ich kann alles", aber richtig identifizieren konnte ich mich mit meinen Leistungen nicht. Ich lebte immer in der Angst, abzustürzen, sitzen zu bleiben. Später hatte ich mehr und mehr Misserfolge, die bewirkten, dass ich dachte: „Ich kann längst nicht alles, kann ich überhaupt etwas?"

Meine Sinneserfahrungen und Gedankengänge sind unsicher geworden wegen der erfahrenen Psychose, die auch mit Orientierungslosigkeit verbunden war. Mir passiert es, dass ich Menschen verwechsle, nicht erkenne oder falsch erkenne. Ich vergesse Namen und Begriffe, die mir eine Zeit lang ganz geläufig waren. Bei Gesprächen kann ich unkonzentriert sein und Fragen nach Zusammenhängen stellen, die gerade zu hören ich die Gelegenheit gehabt hätte. Ich habe z.B. eine Frau kennengelernt und für sie wichtige Aspekte ihres Lebens einfach nicht behalten. Das empfinde ich dann als Fehler meinerseits. Ich versuche die Bedeutung herunterzuspielen, indem ich mir sage: Anderen passiert das auch. Ich habe eben kein wirkliches Interesse an diesen Details. Auch mache ich mir immer wieder klar: Es ist eine Verzagtheit und Resignation gegenüber dem Gesprächspartner bzw. dem Leben ganz allgemein, die zu diesen Fehlern im Denken und Erinnern führen. Es sind nicht fehlende Gehirnzellen. Ganz im Gegenteil: Ich stelle mir mein Gehirn mit vielen Windungen und einer großen Oberfläche vor!

Schuldig fühle ich mich manchmal auch für Schmerzliches, das mir widerfahren ist, nach dem Motto: „Ich bin ein Opfertypus", denn wie ein Fähnchen im Wind schwebte ich willenlos durchs Leben. Doch allmählich bin ich so aufgerichtet, dass ich wage zu denken: Es waren Menschen mit gemeinen Absichten, die mir begegnet sind. Ich habe es durchaus verdient, gut behandelt zu werden.

Aus reiner Opposition gegen eine Welt, in der ich unglücklich war, habe ich aber auch in negative Entwicklungen eingewilligt, die mich isolierten und krank machten. Psychotisch oder verrückt-sein das heißt für mich, "nicht-bei-mir-sein" und „mich-nicht-verbinden-können". Dieses „die-Zuwendung-schuldig-bleiben" löst manchmal ein peinigendes Gefühle von Beschränktheit und Minderwertigkeit aus, das ich meistens einfach aushalte, weil ich nicht weiß, wie ich es ändern kann. Bei aller Konzentration, den Alltag durch verantwortungsvolle Strukturierung zu bewältigen, bleibt das Gefühl des Mangels, der immer wieder deutlich wird, weil ich es nicht schaffe, Normen, die in bestimmten Kreisen selbstverständlich sind, einzuhalten. Ich bin durchaus bereit, Leistungen zu bringen, brauche aber Bereiche, Zeiten, Lebensräume, wo ich nicht auf Leistung gucken will. Diese zu finden, ist schwer, denn ich kann kaum zu den Unsicherheiten und Fehlern im Fühlen und Denken stehen - aus mangelhaftem Vertrauen zu mir selbst, aber auch zu den anderen.

Die Frage lautet: Was will ich eigentlich und was will ich auch jetzt nicht? Wie kann ich den Mut entwickeln, etwas zu wollen bzw. nicht zu wollen? Und wie kann ich nach außen hin dazu stehen? Ich leide unter meiner eigenen Willensschwäche und Mutlosigkeit. Die negativen Aspekte meines Lebens sind aber auch abgrundtiefe Motivation, zu beten und ein Verhältnis zu Gott zu entwickeln, immer wieder Chancen wahrzunehmen. Auch habe ich gelernt, zwischen situationsbezogenem und verheißungsbezogenem Denken zu unterscheiden. So glaube ich: „Das geknickte Schilfrohr zerbricht er nicht, den glimmenden Docht löscht er nicht aus." *Jes. 42,3*

Es ist mein Anliegen, mit dieser Zusage verantwortungsvoll umzugehen.

2004

Ein heißes Eisen

Mit einer festen Zange halte ich das glühende Eisen und schmiede es. Es sind aus einem Fenster gelöste Stäbe, denen ich eine schöne Gestalt gebe. Es ist mein Ziel geworden, frei zu sein in Jesus Christus. Die Zange, das sind meine zwei Therapien, die ich mir selbst verordnet habe. Ich brauche Therapie, weil ich krank bin. An das psychiatrische Etikett will ich gar nicht denken, aber es ist immer da. Ist es meine Schizophrenie, dass ich mit einer medikamentös behandelten Psychose lebe und gleichzeitig ein Psychologiediplom in der Tasche habe? Da bin ich mir nicht sicher. Ich fühle mich krank, weil ich negative Kräfte in mir spüre. Ich bin voller Angst, erstarrt, wehre andere Menschen immer wieder ab.

Mein Leben lang war ich so. 1953 bin ich geboren, in der Nachkriegszeit. Ich bin das Kind nicht nur von Pohlbürgern, sondern auch eines verwundeten kleinen Soldaten und eines enttäuschten BDM-Mädchens, das stetig für Offiziere schwärmte. Ich war nicht erwünscht, weil meine Mutter, als sie mit mir im siebten Monat schwanger war, kein Schützenfest feiern konnte, weil ich bei der Geburt eine schwarze Haarsträhne auf dem Kopf hatte und weil mein Geschlecht falsch war. Sie haben nie über ihre Seelenwunden gesprochen, doch sie drückten sich in Jähzorn und Gleichgültigkeit aus. Verloren und traurig bin ich, solange ich denken kann.

Doch ich bin nicht nur das Kind meiner Eltern. Ich bin auch Gottes Kind und wurde als Baby getauft. Und die Ewige hat mir ein Talent geschenkt: Ich kann mich artikulieren. Als Schulkind war ich im Mündlichen gut und überstand die Zeit bis zum Abitur. Dann kamen viele Jahre, in denen meine Kaputtheit auch mein Leben kaputt gemacht hat. Ich bin aber während der ganzen Zeit als Selbsthilfe viel gelaufen und habe viel geschrieben. Beides stärkt mich auch in der momentanen Phase.

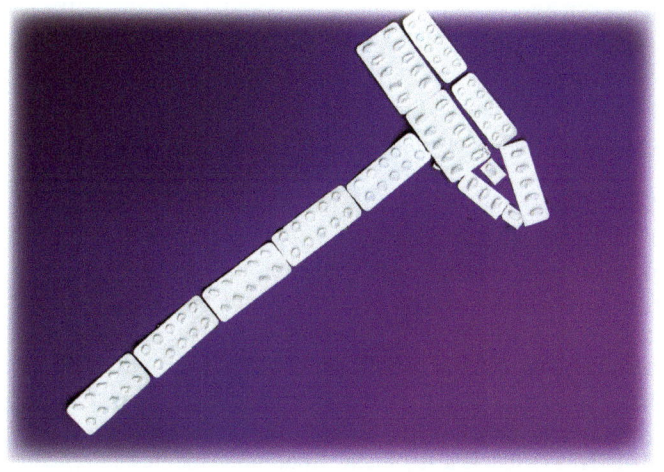

Der Hammer

Seit etwa 20 Jahren gehe ich sonntags in die evangelische Christuskirche. Der christliche Glaube gehört zu einer Wortreligion. Die Predigten, die Liturgie, die gesungenen Lieder und die Zeremonie des Abendmahls, bei der einem ein Wort aus der Bibel mitgegeben wird, das alles hilft mir. Ich weiß Woche für Woche, was ich als nächstes will, wo es für mich lang geht. Das ist ein kleines Glück, denn des Menschen Wille ist sein Himmelreich. Ich bin bei dieser Form von Therapie krank geblieben, habe aber gelernt, mit der Krankheit zu leben, bin heil geworden.

Seit kurzem mache ich eine Heileurhythmie-Therapie. Dabei werden Buchstaben, die Grundlage der Wörter, mit dem Körper ausgedrückt. Der Therapeut hat sich anfangs intensiv nach mir erkundigt. Ich vertraue ihm. Er erklärt mir die Übungen nicht in der anthroposophischen Fachsprache, sondern mit Bildern und Erläuterungen, die ich verstehe. Ich finde die Therapie aufregend und hilfreich zugleich. Das Hauptwerk von Rudolf Steiner ist PHILOSOPHIE DER FREIHEIT. Ich lese es nicht, finde aber meine alltäglichen Erfahrungen mit diesbezüglicher medizinischer Versorgung, Bewegung und Ernährung befreiend.
Aufregend fand ich, dass ich eines Morgens beim Aufwachen dachte:'Ich bin verliebt in Hitler'. Zunächst war ich erschrocken und entsetzt, denn ich bin entschiedene Antifaschistin. Dann fiel mir ein, dass das eine verrückte Feststellung dafür ist, dass ich die oben beschriebenen Auswirkungen des Faschismus auf mich erst mal akzeptieren kann. Ich bin krank, weil ich durch eine lebensfeindliche Kultur gekränkt wurde. Das anzunehmen, ist vielleicht die Voraussetzung für eine Genesung.
Nun hoffe ich, dass ich eines Tages mein inneres Gefängnis verlasse, mein Leben würdevoll gestalte, aus ganzer Seele weine und aus vollem Herzen lache und in Freiheit mir sicher bin.

2015

Hilfe durch die Anthroposophie

In den 80er Jahren, als es mir wegen meiner Psychose so schlecht ging wie nie im Leben, wandte ich mich instinktiv anthroposophischen Zusammenhängen zu, um einen neuen Zugang zur Realität zu finden.

Im Berliner Forum Kreuzberg lernte ich Töpfern. Ich fand kaum Kontakt in der Gruppe, doch ich fühlte mich stundenweise erleichtert und aufgehoben.

In dem im südlichen Baden-Württemberg gelegenen Reha-Zentrum Christiani fand ich die Möglichkeit, die Großstadt zu verlassen und in überschaubarem Rahmen ein neues, eben nicht chaotisches, sondern strukturiertes Leben zu führen.
Ich arbeitete dort in der Textil- und in der Metallwerkstatt. Wir bekamen gutes Bio-Essen. (Die Firma Demeter ist anthroposophisch.) In der Freizeit unternahmen wir viel. Z.B. gingen wir im heißen Sommer mehrmals in der Woche schwimmen. Im Jahr darauf verbrachten wir vier Wochen an der dänischen Küste.
Ich las bei Christiani viele Schriften von der anthro-posophischen Firma Weleda, welche sowohl Medikamente als auch Körperpflegemittel herstellt. Zwei Bücher beeindruckten mich:

Dr.F.W. Zeylmans van Emmichoven
GESPRÄCHE ÜBER DIE HYGIENE DER SEELE
Natura-Verlag Arlesheim (Schweiz)
Holländische Originalausgabe von 1946

Bernard Lievegoed
DER MENSCH AN DER SCHWELLE
Biographische Krisen und Entwicklungsmöglichkeiten
Verlag Freies Geistesleben
Holländische Originalausgabe von 1983

Ich verstand die Lehre der Anthroposophen nicht, gewann keine neue Überzeugung, lernte aber, meine Erfahrungen mit mir, kranke sowie gesunde, einzuordnen. Vor allem ein mittelalterlicher norwegischer Gesang, das Traumlied von Olav Asteson hat es mir angetan.

Wochenlang probten wir bei Christiani mit selbstgefertigten Puppen und einer eigenen Bühne das Märchen „Der goldene Fisch".

Wir fuhren auch zum Goetheanum in Dornach im Kanton Solothurn, rund zehn Kilometer südlich von Basel. Das Gebäude dient als Sitz und Tagungsort der Allgemeinen Anthroposophischen Gesellschaft und der Freien Hochschule für Geisteswissenschaften sowie auch als Festspielhaus und Theaterbau. Eröffnet wurde es 1919. Den Baustil nennt man „Organische Architektur" (Wikipedia).

Wir sahen eine Theateraufführung: "Wie es euch gefällt" von William Shakespeare.

Bei der Gestaltung unserer Zimmer wurden auch besondere Farben angewandt, so dass ganz bestimmte Effekte mit Schatten entstanden. Dass die von Rudolf Steiner Anfang des zwanzigsten Jahrhunderts entwickelte Lehre so viele konkrete Anregungen enthält, dazu gehören auch noch die Maltherapie und eine bestimmte Art, sich zu bewegen, die (Heil-)Eurythmie, begeisterte mich und half mir bei meinem Anliegen, mich zu erden, zurück in die Welt um mich herum zu finden.

Drei Übungen möchte ich beschreiben, die, in Abständen von Jahren durchgeführt, sich als hilfreich erwiesen:

Wochenlang beobachtete ich morgens den Himmel und notierte meine Wahrnehmungen. Das fiel mir schwer, aber ich kam dabei mit meinen Sinnen aus mir heraus.

Als ich in der Gastronomie arbeitete, stellte ich mir nach der Arbeit die Gäste vor. Dabei wurde mir warm ums Herz, und ich entwickelte Sympathie für sie.

Ich legte eine weiße dicke Bohne auf feuchte Watte und zeichnete sie mit Bleistift während ihres Keimvorganges ab. Diese Übung hatte eine ähnliche Wirkung wie die erste.

Die Anthroposophie ließ mich Möglichkeiten finden, einen neuen Weg zu wagen.

2007

Ganz schön fertig

Meine Leidenschaft in der Liebe zum Leben zeigt sich in Selbstmordgedanken. Wieder bin ich niedergeschlagen von meinen engen Grenzen, dem Erlebnis zu versagen, der aufflackernden Verzweiflung, die mich verzehrt; jede Zuwendung ist ein Keulenschlag.

Ein Infekt kommt hinzu; ich feiere krank. Endlich! Bei der Ärztin – medizinisch- alternativ – hole ich mir eine Spritze.

Ich höre ein Gedicht und warte.

Später entwickele ich diesen Gedanken: Genauso wie ich als psychisch Behinderte gesund bin, genauso sind die Gesunden psychisch behindert. Ich entdecke meine Gesundheit, die Gesunden ihre Behinderung. So könnte Frieden sein, Versöhnung und Einheit.

2016

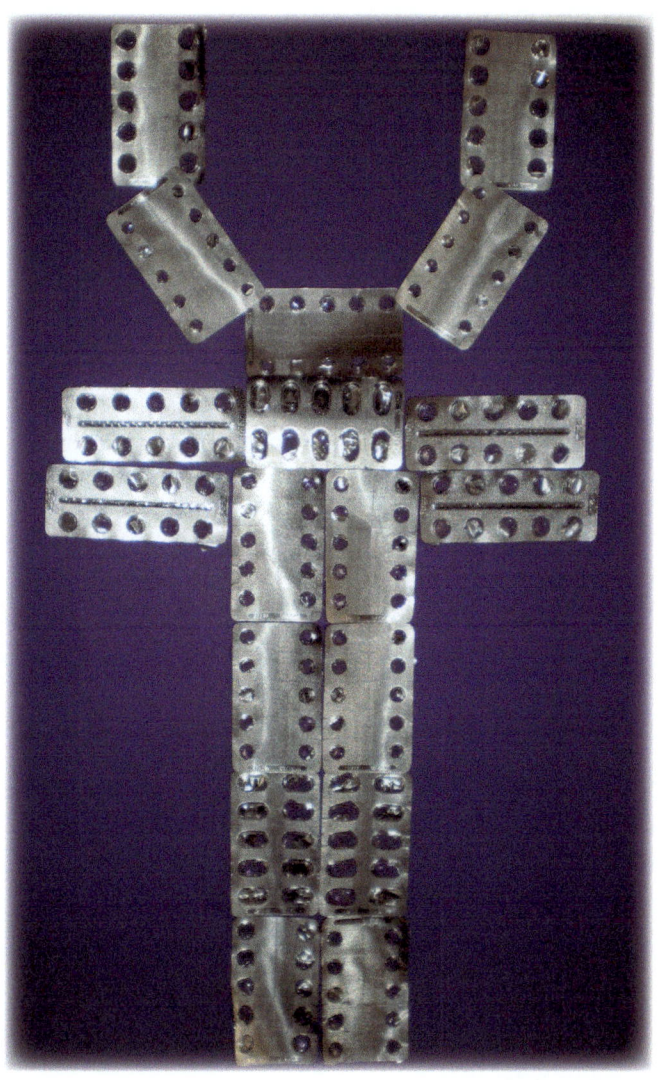

Es ist ein Kreuz

VOM GLÜCK DANKBAR ZU SEIN

Eine Anleitung für den Alltag
– Lektürebericht –

Das Buch, geschrieben von dem amerikanischen Psychologieprofessor Robert A. Emmons, bringt Resultate wissenschaftlicher Untersuchungen sowie philosophischer und theologischer Auseinandersetzungen zur Sprache. Es gehört zur sogenannten positiven Psychologie und ist zu 90% gut verständlich.

Zunächst wird Dankbarkeit in Beziehung gesetzt zur Psyche, zum Körper und zur Seele, in den Traditionen des Judentums, Christentums, des Islam und anderer Religionen. Ich zitiere folgende Aussagen über die Dankbarkeit:

„Dankbarkeit gehört eindeutig zu den Dingen, die das Leben eines Menschen messbar verändern können." *S. 8*

„Wenn wir Dankbarkeit empfinden, haben wir das Bedürfnis, die Güte, die uns zuteil wurde, an andere weiterzugeben." *S. 11*

„Gegenstand der Dankbarkeit ist immer der Andere, dankbar kann man anderen Menschen, Gott oder Tieren gegenüber sein, aber niemals sich selbst gegenüber." *S. 11*

„Ein dankbarer Mensch spürt, dass in der Welt viel Güte existiert, und zwar unabhängig von und teilweise trotz seines eigenen Verhaltens." *S. 16*

„Dankbarkeit ist nicht nur ein Gefühl, sondern auch eine Tugend." *S. 24*

„Dankbarkeit ist kein warmes Wischi-Waschi-Gefühl, sondern stellt hohe moralische und intellektuelle Anforderungen an das Individuum." *S.26/27*

„Eine Kultur, die Selbstverherrlichung und persönliche Verdienste feiert, verdrängt die Dankbarkeit." *S.28*

„Wer seine Dankbarkeit für die Segnungen des Lebens zum Ausdruck bringt, also von einem Gefühl des Staunens, der Erkenntlichkeit und Wertschätzung erfüllt ist, trägt aus einer ganzen Reihe von Gründen zur Steigerung des eigenen Glücksempfindens bei." *S.48*

„Je dankbarer ein Mensch ist, umso weniger Depressionen hat er." *S.51*

„Durch das bewusste Erleben von Wertschätzung und Dankbarkeit können Menschen den natürlichen Rhythmus ihres Herzens wiederherstellen." *S.79*

„Schmerz ist sowohl ein physisches als auch psychologisches Phänomen."
„Positive Gefühle können also schmerzlindernd wirken, da sie die Freisetzung der morphinähnlichen Substanzem im Gehirn stimulieren."
„Eine Dankbarkeitsintervention kann bei Patienten mit chronischen Schmerzen durchaus sinnvoll sein." *S.87/88*

„Wo Religion und Glaube zu Hause sind, da ist auch Dankbarkeit ... Dankbarkeit ist ein Kennzeichen spiritueller Reife ... Dankbarkeit ist also eine universelle religiöse Empfindung." *S.97*

In einem weiteren Kapitel analysiert der Autor die Hindernisse für die Dankbarkeit:

„Sind wir nicht dankbar für die Wohltat, die uns zuteil wurde, so verletzen wir das moralische Gesetz, das der Wechselseitigkeit unterliegt." *S.140*

„Der undankbare Mensch ... (ist) narzisstisch und geprägt von Arroganz, Eitelkeit und dem unstillbaren Bedürfnis nach Bewunderung und Anerkennung. *S.145*

Im Kapitel 'Dankbarkeit in schweren Zeiten' sind die beiden folgenden Stellen für mich entscheidend:

„Tragödien sind geradezu notwendig, damit der Mensch sein psychologisches Potenzial voll ausschöpfen kann." *S.159*

„Für Menschen mit einer psychiatrischen Störung kann Dankbarkeit eine wertvolle Bewältigungsstrategie sein, um auf die Herausforderungen des Lebens zu reagieren." *S.175*

Gerade weil Dankbarkeit beeinflussbar ist, werden zehn verschiedene Methoden empfohlen, sie zu entwickeln. Dazu gehören ein Dankbarkeitstagebuch zu führen, eine buddhistische Meditationstechnik, Naikan, anzuwenden oder Gebete der Dankbarkeit zu lernen.
Der Wissenschaftler schrieb sein Werk für Menschen, die von der verändernden Kraft der Dankbarkeit profitieren. Dankbarkeit bezeichnet er als eine neue Form der Weltsicht.

Das Buch ist im Campus Verlag erschienen
und kostet 19,90 Euro
ISBN 978-3-593-38649-2

2012

104

Lächeln erwünscht

Eine kritische Ergänzung zu Gerds Text

Wenn ich an mir und der Welt verzweifle, meinen Alltag aber schaffen muss, ja dann bin ich froh, dass ich im Supermarkt meine sieben Sachen finde, mir an der Kasse ein freundliches Gesicht begegnet und ein ermunternder Wunsch mein Ohr erreicht. Vielleicht fehlt auf beiden Seiten der Mut, schlechte Laune zu zeigen. Ist das ein Fehler? Das ist doch nicht scheinheilig.

Mehr Gewicht hat die Situation in der Sportgruppe. Es wird beim Laufen über Handwerker im Haus und Gärtner draußen gesprochen. Ich bin schwer beeindruckt von der energievollen, lebendigen Unterhaltung und denke neidisch: 'So könnte ich nicht reden.' Wie gut tut es dann, wenn meine Sportsfreunde bei der Gymnastik und beim Abschied sich auch mir zuwenden. Höflichkeit ist manchmal meine Rettung.

Ein anderes Mal sitze ich stumm und verlegen dabei, als wir unsere Mieterversammlung abhalten. Es geht um die hohen Nebenkosten. Die anderen diskutieren und organisieren und sind dabei jung und dynamisch. Ich leide unter der Unfähigkeit, so aufzutreten, setze ein mildes Lächeln auf und äußere meinen kleinen Beitrag.

Existentiell wurde es für mich, als ich meine Fachärztin als launisch erlebte. Zunächst unterstützte sie mich bei einem Antrag auf eine Reha. Als dann eine Ablehnung kam, wollte sie mich nicht bei meinem Widerspruch unterstützen Ich wechselte zu einem anderen Arzt.

Sollte schlechte Laune verboten werden? Sicher nicht, aber sie sollte überwunden werden. Es geht um Nuancen im zwischenmenschlichen Miteinander. Gerade weil ich um meine Tollpatschigkeit, meine Unachtsamkeit weiß, bin ich froh, dass ich höflich sein kann und gute Formen zeige.

Meine Gefühle – Angst und Mut – sind so, dass ich im Alltag eine positive Distanz zu meinen Mitmenschen schaffen möchte. Es lohnt sich, für gute Laune was zu tun, sie zu zeigen im Gesichtsausdruck und im Tonfall der Stimme.

Auf einer Keks-Verpackung lese ich: "Das Leben meistert man lächelnd oder gar nicht." Also lieber einen Blumentopf verschenken als gewinnen.

Der Text von Gerd Potthoff hat den Titel 'Das Grundrecht auf schlechte Laune'. Er endet mit dem Satz:"Mit meiner schlechten Laune kann ich also keinen Blumentopf gewinnen. Aber manchmal tut es gut, einfach loszulassen."

2012

Über Gewohnheiten

Eine Gewohnheit ist ein mehr oder weniger komplexes Verhalten, das durch Übung und Lernen zustande gekommen ist. Dieser Prozess der Gewohnheitsbildung ist ein anderer, als der der Gewöhnung bei der Entwicklung von Sucht. Die Gewohnheit stellt einen automatisierten Reaktionsablauf dar. Es gibt auch Denkgewohnheiten z.b. bestimmte Strategien beim Lösen von Problemen.

„Der Mensch ist ein Gewohnheitstier." In der Psychologie gehören Gewohnheiten, im Gegensatz zum neurotischen Zwang, zum normalen Persönlichkeitsbild. Ihr Vorteil liegt darin, dass ich nicht jede Kleinigkeit meines Verhaltens bewusst steuern muss. Sie machen durch die Routine, die sie herbeiführen, das Leben weniger anstrengend. Sie sind ein Aspekt im alltäglichen Zusammenleben, wo sie als Konventionen in der Gesellschaft Übliches, locker Verbindliches darstellen.

Wenn ich meine Gewohnheiten kenne, weiß ich eine ganze Menge über mich. Ich kann auch feststellen, dass sie mich stören. Ganz grundsätzlich möchte ich vielleicht dem gewohnheitsmäßigen Trott entkommen und mehr Spontaneität entwickeln. Oder ich empfinde eine konkrete Gewohnheit als negativ, weil sie z.B. meine Gesundheit schwächt. In jedem Fall bekomme ich bald die Macht der Gewohnheit zu spüren.

Wie kann ich also eine Gewohnheit ändern oder sogar aufgeben? An erster Stelle steht die Analyse der Gründe und der Lerngeschichte.

Danach ist es wichtig:
a) Eine Alternative, eine entgegengesetzte Gewohnheit zu entwickeln.(z.B. Obst zu essen anstelle von Süßigkeiten).

Dabei entsteht eine Hemmung gegenüber der alten Gewohnheit.

b) Das neue Verhalten immer wieder zu üben. (z.B. immer wieder neu die Zähne gründlich zu putzen, auch wenn der Zahnarzt wieder mal Plaquebeläge festgestellt hat).

c) Sich den Erfolg beim neuen Verhalten durch Belohnung zu sichern. Dabei ist positives Denken angesagt, denn ich muss mir überlegen, was ist eine Belohnung für mich, was macht mir Spaß.

Ich kann auch eine neue Gewohnheit aufbauen! Wenn ich mich z.B. mehr bewegen will, dies aber jedes Mal ein enormer Kraftakt für mich ist, kann ich mir mit dem Mittel der Gewohnheit helfen. Es wird einfacher, wenn ich meine Gymnastikübungen zur jeweils gleichen Tageszeit in der gleichen Reihenfolge ausführe.

Deine Krankheit wird durch Medikamente und professionelle Gespräche behandelt. Willst du deine Gewohnheiten als Teil deiner gesunden Lebensstrategie selber konstruktiv gestalten, brauchst du immer wieder viel Geduld.

2005

Fastenzeit und Achtsamkeit

Seit etlichen Jahren möchte ich in der Fastenzeit vor der Hauptmahlzeit beten. Ganz oft fange ich an zu essen, ohne innezuhalten. Man kann fasten, indem man etwas aufgibt, z.b. Schokolade, oder indem man etwas hinzufügt, z.b. eine neue Gewohnheit. Im vergangenen Jahr gewann ich die Erkenntnis, dass mir das Beten vor dem Essen leichter fällt, wenn ich zuhause selber koche. Es ist mir hilfreich, ein kleines Holzkreuz neben meinen Teller zu legen und dann in die Hand zu nehmen.
Mein Gebet lautet:
„Danke, Gott, für diese Speise, mir zur Kraft und dir zum Preise." Es war nicht einfach, ein Gebet in der Einzahl zu finden, genauso wie es nicht einfach ist, alleine zu essen.

Das Gebet vor dem Essen verbindet mich mit Gott bei etwas Schönem. Meistens ist es so, dass ich ihn bei Anstrengungen, Ängsten und Niederlagen anrufe. So aber wird der ganze Glaube schöner, unbeschwerter, fröhlicher. Es ist eine Einübung in eine Art österliches Geschehen. Ich lebe mit dem Kirchenjahr, in dem auf die Passionszeit, in der gefastet wird, Ostern, das Fest der Auferstehung Christi, folgt.

Dabei bin ich nicht ganz alleine: Wenn ich mit einer Freundin auswärts esse, bete ich, weil sie mich daran erinnert. Auch schließe ich mich der Aktion 'Sieben Wochen anders leben' vom ökumenischen Verlag 'Andere Zeiten' aus Hamburg an. Dabei bekomme ich sieben Briefe, mit denen ich mich beschäftige und die mich ansprechen, weil das Prozesshafte des Glaubens durch sie deutlich wird.

Zunächst heißt es: Etwas Neues kann kommen. Durch unser Fasten stellen wir die Weichen auf Wandel. Dabei üben wir uns in Geduld.

Ich mache ja Notizen bezüglich meines Fastenvorhabens und merke, wie oft ich im Esslokal vergesse zu beten. Dabei hilft mir: „Nur wahrnehmen, nicht bewerten" heißt ein Grundsatz in der Praxis der Achtsamkeitsübungen. Dann wird ein Tagesrückblick empfohlen, mit der Frage, die auch mich bewegt: Konzentriere ich mich auf Erfahrungen, auf die ich mit Freude und Dankbarkeit schauen kann? In der Mitte, beim sogenannten Bergfest, habe ich eine Idee: Für die Male, wo ich nicht zuhause esse, lege ich einen Zettel in mein Portemonnaie – als Gedächtnisstütze. Es klappt dann auch mal. Auch finde ich ein neues Thema: Essen und Geld; in den 70er Jahren machte die Rede eines Indianerhäuptlings die Runde. Sie endet damit: "... dass man Geld nicht essen kann." Ich merke, dass ich nicht bereit bin, mehr Geld für Essen – etwa für mehr Bioprodukte – auszugeben, möchte aber mehr Arbeit ins Essen investieren, um deswegen öfter zuhause zu essen und um außerdem davor meinen Blick zu weiten.

Später wird die Frage gestellt:"Was hilft Ihnen, Spannungen abzubauen?" Ich ändere meine Grundeinstellung: Wenn ich zuhause bete, ist das wunderbar, für den Rest der Zeit habe ich aber nicht mehr den Anspruch, dies überall zu tun. Dadurch werde ich mir gerechter und zufriedener. So gut ich kann, möchte ich Achtsamkeit entwickeln. In die Zeit an Ostern und danach nehme ich die Freude über jedes Tischgebet mit, das ich spreche.

Es fällt mir auf, und ich empfinde es als schöne Fügung, dass die letzten Wochen meiner Berufstätigkeit vor der Rente in die strenge Fastenzeit fallen. Das hilft mir, diszipliniert zu sein und durchzuhalten.

fasten@anderezeiten.de
www.anderezeiten.de

2017

Meine Phase mit dem Integrationsfachdienst

Erst als ich medikamentös gut eingestellt war und meine sozialen Fähigkeiten zur Kommunikation zu einem Mindestmaß wieder hergestellt waren, hielt ich meine berufliche Rehabilitation für sinnvoll. Einerseits wollte ich sehr gerne endlich meinen Lebensunterhalt verdienen, andererseits war ich sehr ängstlich gegenüber Anforderungen und Leistungsdruck.

Nach einigen Vorbereitungen machte ich eine Umschulung im technischen Bereich. Der zweite Versuch, selber eine Stelle zu finden, schien erfolgreich. Ich musste zwar meine Arbeitszeit aus gesundheitlichen Gründen von Vollzeit auf dreißig Stunden pro Woche senken, da jedoch eine Förderung durch das Arbeitsamt genehmigt wurde, spielte der Arbeitgeber mit.

Mich einigermaßen sicher in dem Verhältnis wähnend, beantragte ich die Feststellung meiner psychischen Behinderung. Sie wurde auf dreißig Prozent eingestuft und auch nicht höher gesetzt, als ich einen erneuten Antrag stellte, denn meines Erachtens entsprach die Einstufung nicht der Realität. Nach zweijähriger Tätigkeit meinerseits wurde der Betrieb aus wirtschaftlichen Gründen geschlossen; ich wurde entlassen und war sehr traurig darüber.

Zunächst wandte ich mich an den Behindertenberater des Arbeitsamtes, der mir ein kaufmännisches Praxistraining vermitteln konnte. Im PSZ (Psychosoziales Zentrum) hörte ich vom Integrationsfachdienst und nahm Kontakt zu Frau Stückenschneider auf.

Mit ihrer Hilfe fand ich eine Praktikumsstelle mit 25 Stunden pro Woche, die in eine einjährige Halbtagsstelle umgewandelt wurde. In dieser Zeit war meine Erkrankung bei den Kollegen bekannt. Es fiel mir sehr schwer, mich auseinanderzusetzen, obwohl durch den Integrationsfachdienst vermittelt wurde. Ich fühlte mich auf verlorenem Posten. Immerhin brach ich nichts ab und hielt durch. Ich war aber doch erleichtert, als diese Firma von Münster wegzog.

Da ich über meine Entlassung früh informiert worden war, hatte ich etliche Wochen Zeit, mich zu bewerben und war nur zwei Monate arbeitslos. Wieder suchte ich mir selber eine Stelle, an der ich jetzt seit etlichen Jahren arbeite und von vornherein meine Erkrankung verschwieg, weil ich an den Erfolg von Gesprächen mit diesem Inhalt nicht so recht glaube. Ich meine, durch konkretes Verhalten und eine immer wieder neu entwickelte positive Grundstimmung mehr erreichen zu können. Auch der Fürsorgestelle des Sozialamtes, die nun für mich zuständig ist, wollte ich keinen Kontakt zu meinem Arbeitgeber vermitteln. Ich besprach dort am Anfang meine Lage und verlängerte die Pausen zwischen den Kontakten. Wenn mir wieder gekündigt wird, werde ich mich dorthin wenden.

Der Integrationsfachdienst hat mir für eine begrenzte Zeit geholfen, bis ich wieder alleine zurecht kam. Ich habe Nutzen gezogen aus den guten Kontakten, den praktischen Tipps, zum Beispiel bei simplen Anforderungen wie der Einteilung des Urlaubs, sowie dem kompetenten Umgang mit schwierigen Situationen im Arbeitsprozess.

2003

Meine Wohnung - ein Ruhepunkt

Mit 38,5 Quadratmetern ist meine Wohnung recht klein. Zu ihr gehören ein Bad mit Fenster, ein Schlafzimmer mit Schreibtisch und ein Zimmer mit kleiner Kochecke, also ein vernachlässigtes Zentrum. Der Herd, so habe ich gelesen, ist das Zentrum von jedem Wohnobjekt.

Meine Freundin spricht von meinem Zimmer und spielt auf die Schrift von Virginia Woolf 'Ein Zimmer für sich allein' an. Die erfolgreiche Schriftstellerin wünscht jeder schreibenden Frau ein Zimmer für sich. Genau das bin und das habe ich. Das Leben selber ist mir weitaus wichtiger als das Schreiben. Andererseits betrachte ich das Schreiben als Krönung des Lebens.

Vier Jahre meines Lebens habe ich in Psychiatrien, Heimen und einem Rehazentrum verbracht. Was ich dort erfuhr und lernte, habe ich auf das Leben in meiner Wohnung übertragen. Sie ist mein Übungsfeld für selbständiges Wohnen. Zuhause bin ich für mich. Ich kann mich gehen lassen, ich kann mich zusammenreißen. Dabei schweige ich viel. Wenn es mir einigermaßen gut geht, telefoniere ich mit Freundinnen; wenn es mir richtig schlecht geht, rufe ich die Telefonseelsorge an. Ich sehe zu, dass ich aus der Wohnung herauskomme, unter die Leute, in der Gemeinde oder beim Sport, oder in die Natur.

Mit der Hausarbeit halte ich unter anderem meine Wohnung gepflegt. Manchmal arbeite ich erst alles ab, was ich mir vorgenommen habe, manchmal mache ich erst Pause, um dann loszulegen. Dabei höre ich oft Musik. Ich bin froh über meine Musikanlage. Ich wähle zwischen klassischer und Pop-Musik, zwischen instrumentaler und vokaler Musik. Zu meiner MC-Sammlung gehört die Fünfte Sinfonie von Beethoven und Songs von Tracy Chapman. Meine kleine

CD-Sammlung enthält die Neunte Sinfonie von Beethoven, aber auch Lieder gesungen von Christa Ludwig. Hin und wieder bekomme ich Besuch. Es freut mich, wenn sich jemand bei mir wohlfühlt. Ich bin so eingerichtet, dass Stücke aus allen meinen Lebensphasen einen Platz haben. Mein Zuhause ist eben nicht 'durchgestylt', sondern gewachsen. Es ist aufgeräumt. Meine Wohnung, wir sind uns über zwanzig Jahre lang treu geblieben, ist mir sehr lieb. Durch sie bin ich ziemlich geerdet, habe ich einen Ruhepunkt mehr in meinem Leben, einen ganz konkreten Ruhepunkt. Sie hat eine gute Lage, das ist für mich als Nutzerin von öffentlichen Verkehrsmitteln und als Spaziergängerin förderlich und wichtig.

Ich hoffe, eines Tages noch einmal umziehen zu können, und zwar in eine größere und für Senioren gebaute Wohnung. Dann wird sich einiges ändern, vor allem würde ich gerne gastfreundlicher sein und außerdem eine Gebetsecke einrichten. Das eilt nicht; ich gehe diese Angelegenheit ruhig an, weil ich die jetzige Situation mehr als erträglich, nämlich regelrecht hilfreich erfahre.

2016

115

Panik

Es ist Sommer. Laue Lüftchen wehen und ich habe des Öfteren die Terrassentür von meinem Wohnzimmer offen gelassen.

Heute liege ich um 22 Uhr im Bett und schlafe. (Wenn ich am nächsten Morgen arbeiten muss, gehe ich um 8 Uhr abends ins Bett.) Im Halbschlaf fühle ich etwas krabbeln im Gesicht, ich denke:" Ist das wieder eine Wespe?" Vor ein paar Wochen hatte ich nachts im Bett ein, zwei Stiche abbekommen! Etwas später spüre ich ein Piksen in der rechten Hand, die auf der Bettdecke liegt.

Jetzt wird es mir zu viel. Ich mache das Licht an und suche das Schlafzimmer ab. Was sehe ich huschen, rennen, krabbeln? Es ist eine kleine braune Maus mit ängstlichen braunen Augen. Ich habe allerdings noch mehr Angst als sie! Panik bemächtigt sich meiner. Aufgeschreckt einerseits und benommen von meiner Nachtdosis Clozapin andererseits kriege ich mich selbst nicht mehr ein und rufe die Telefonseelsorge an. „Haben Sie einen Hausnachbarn, mit dem Sie reden können?" „Nein habe ich nicht, ich kann auch nicht mehr reden mit dem Clozapin im Blut!" Doch dann habe ich eine Idee!

Ich hieve die drei Matratzen vom Schlafzimmerschrank herunter und baue mir ein Notlager auf dem Fußboden im Nebenraum auf. Die Tür ist zu. Ruhe kehrt ein. Dann fällt mir siedend heiß ein, dass ich ja am nächsten Morgen um 6 Uhr wach werden muss. Auf die Idee, den Radiowecker umzustöpseln, komme ich nicht. Bei der Telekom einen automatischen Weckdienst zu aktivieren, gelingt mir nicht. Ich rufe Kornelia, meine Pendlerkollegin, an. Sie geht beständig später als ich ins Bett, das weiß ich gewiss. Sie verspricht mir, mich morgens anzurufen. Ich schlafe tatsächlich einen Schlaf ohne Alptraum!

Am nächsten Morgen, bevor ich die Wohnung verlasse, schaue ich noch einmal ins Schlafzimmer. Ich sträube mich gegen den Gedanken, extra für dieses kleine putzige Viech eine Falle kaufen und aufstellen zu müssen. Auch die Vorstellung, den Kadaver entfernen und entsorgen zu müssen, behagt mir ganz und gar nicht. Ich bin in höchster Not. Doch da wird mir Rettung zuteil. Auf einem Tischchen liegt mein Sommerrock, in dem sich etwas bewegt. Ohne viel nachzudenken und kurz entschlossen packe ich ihn, eile zur äußersten Ecke der Terrasse und schüttele ihn aus. Der Grund meiner außerordentlichen Panik wuselt durch das Gras auf Nimmerwiedersehen davon.

Ein ganz normaler Tag kann beginnen!

2007

Am I alone with my smartphone? Oh no!

Schon vor Monaten erfuhr ich, dass 75 Prozent der Deutschen ein Smartphone besitzen. Wie viele mögen es inzwischen sein? Ich wollte dabei sein, den Zug nicht ohne mich abfahren lassen.

Dem Rat einer Freundin folgend, erstand ich günstig mein erstes Telefon mit PC und schloss einen Flatratevertrag ab. Als nächstes vollzogen zwei meiner Freundinnen verschiedene Einstellungen am Gerät. Ich kaufte ein Handbuch, das genau zu meinem Samsung-Modell passt, und erarbeitete mit viel Aufwand ein kleines Grundwissen.

Auch holte ich mir Hilfe in einer Einzelberatung beim Projekt Netzstecker der Lebenshilfe Münster. Auf sehr übersichtliche Art und Weise erfuhr ich, was man alles mit dem schlauen Telefon machen kann und dass ich mich entscheiden muss, was ich alles machen will. Es gibt vieles, was ich nicht will: z.B. jeglichen Umgang mit Musik. Vieles will ich und kann ich, z.B. E-mails empfangen und verschicken. Für die Zukunft nehme ich mir vor, die Kamera öfter zu benutzen und Fotos zu verschicken.

Von der Evangelischen Familienbildungsstätte in Münster werden Sprechstunden und Kurse angeboten. Hier wird die Technik in einer kleinen Gruppe sehr einfach und verständlich nahe gebracht. Ich bin dabei, mit all meinen Schwächen. Das fängt damit an, dass ich mit dem Touchscreen meine Probleme habe. Das Display zeigt nicht, was ich will. Ich vergesse bestimmte Arbeitsschritte, die ich mal gelernt hatte. Bei einzelnen Schwierigkeiten, besonders bei der konkreten Nutzung von Apps, komme ich nicht von mir aus auf die Lösung, sondern muss fragen. So war das auch bei der Stadtwerke-Münster-App. Nach etlichen Fehlschlägen, kam ich durch eine Freundin darauf, wie ich damit umgehen muss.

.Am meisten hat sich meine Kommunikation durch 'Whats App' geändert. Ich tausche mich in ausführlichen Gesprächen aus, erhalte und verschicke Fotos und Videos, verabrede mich, habe aber auch den Kontakt mit einer Freundin gesperrt, weil sie auf diesem Wege entschieden aggressiver wurde als sonst.

Mit immens großem zeitlichen Aufwand habe ich mich in den Umgang mit dem klugen Telefon eingearbeitet. Ich finde allerdings, es ist dabei nicht sehr viel herausgekommen. Nach wie vor benutze ich Festnetztelefon, PC und Post, um meine Mitmenschen zu erreichen. Aber, mit meinem Smartphone bin ich nie allein, auch wenn ich es nicht benutze.

2018

Im botanischen Garten

Heute, am 29.04.2016 um 17.00 Uhr ist es soweit:
Da ich im Verteiler des Projektes 'Anders denken über anders sein' bin, erhalte ich Nachrichten von Angeboten der Aktion 'Kulturlotse', so auch für einen Spaziergang im Botanischen Garten. In letzter Minute – mein Bus hat Verspätung und ich weiß nicht mehr genau, wo der Eingang sich befindet – suche und finde ich Anschluss an die Gruppe. Schnell stelle ich fest, dass die Lotsen Frau Robert und Frau Bergmann Studentinnen der Fachhochschule sind. Sie heißen mich willkommen, fragen, wie ich die Info erhalten habe. Wir sind ein gutes Dutzend Teilnehmer, mir sind auf Anhieb alle einfach sympathisch.

Ich habe mir vorgenommen, meine krankheitsbedingte Schwierigkeit, mich mit dem, was ich sehe, finde und wahrnehme, zu verbinden, voll auszuleben und den Spaziergang als Therapie zu nutzen. Das glückt mir gut, alleine für mich und im Schweigen und im Gespräch mit jeweils wechselnden Teilnehmern.

Zum ersten Mal in meinem Leben sehe ich bewusst blühenden Bärlauch. Ich lerne die große Schwester vom Wiesenschaumkraut, nämlich das Sumpfschaumkraut kennen. Wenn Du mich nach Hahnenfuß oder Sumpfdotterblume oder auch nach Aaronstab fragst, kann ich Dir was erzählen. Als es uns kalt wird, gehen wir in die Gewächshäuser; dort müssen wir unsere beschlagenen Brillen putzen und sehen so fleischfressende Pflanzen, tropische Sträucher und Bäume sowie eine kleine Wachtel und einen großen bunten Fisch.

Nach einer guten Stunde bin ich erschöpft, und genau in dem Moment ist der Spaß zu Ende. Ich erhalte noch Hilfe beim Suchen der richtigen Bushaltestelle und fahre angeregt und glücklich nach Hause.

DAS SELBST UND DIE FREMDE

von Jens Clausen ist ein Sachbuch, über das ich plaudern möchte: Es handelt von psychischen Grenzerfahrungen auf Reisen. Dabei wird psychologisches Grundwissen – etwa über die Begriffe das Selbst, die Fremde, die Angst, die Dissoziation, die Depression, die Adoleszenz und die Psychose vermittelt und mit der Interpretation von autobiographischer Literatur verbunden.

Friedrich Hölderlin, Johann Wolfgang von Goethe, Sigmund Freud und Rainer Maria Rilke werden in vier ausführlichen Exkursen als große Persönlichkeiten, die ebenfalls auf Reisen an ihre Grenzen kommen, dargestellt.

Eine Fülle von Literatur ist in diesem Buch verarbeitet. Im Anhang habe ich 575 Titel gezählt. Es ist ein anspruchsvolles Buch, das sehr schön geschrieben ist. Die Gedankengänge werden vorgestellt, entwickelt und dann zusammengefasst. Es ist in einem freundlichen Stil geschrieben. Die psychischen Störungen werden nicht verharmlost, aber es kommt eine Grundhaltung zum Ausdruck, die vorsieht, dass sie zu ertragen sind, zum Leben dazugehören und grundsätzlich toleriert und akzeptiert werden können.

Mein Interesse war deswegen so groß, weil ich davon träume, 2010 nach Island zu reisen, was ein Abenteuer wäre! Wochenlang hatte ich zwei Rezensionen über das Buch an meiner Pinnwand hängen. Es fügte sich gleichsam, dass der Autor sein Werk im Gesundheitshaus vorstellte, als ich gerade Urlaub hatte. Ich bat ihn um eine Widmung in das von mir erstandene Exemplar, die ich auch bekam. Insofern habe ich nun ein Kleinod in meinem Bücherregal!

Das Buch ist selbst wie eine Reise. Ich benötigte sieben Wochen, um es durchzulesen. Es war eine schöne Zeit - es war eine schwere Zeit. Teilweise war ich überfordert und machte eine Pause. Dabei kam mir immerhin zugute, dass es viele kleine Unterabschnitte enthält.

Die Anstrengung meinerseits, es durchzuarbeiten, führte zu einer Klärung meiner Motivation für die große Reise: Ich suche eine Bewusstseinserweiterung auf der Grundlage einer intensiven Vorbereitung und habe die Bereitschaft, für eine erneute innerliche Integration zu kämpfen. Island, das Ziel meiner Träume, kann kommen!

2008

Edition Das Narrenschiff
Psychiatrie-Verlag
ISBN 978-3-88414-422-0

Zurück aus Island

„Reisen ist doch eine wunderbare Form, der Seele bei der Arbeit zuzuschauen.", so schrieb Jens Clausen mir als Widmung in sein Buch DAS SELBST UND DIE FREMDE, das ich als Vorbereitung für meine Islandreise gelesen habe und über das ich eine Rezension in der KLINKE 2009 schrieb.

Wie auch sonst so manches Mal in meinem Leben habe ich bei diesem Urlaub hoch gepokert: Zwanzig Jahre lang habe ich davon geträumt, zehn Jahre lang dafür gespart und in sieben Jahren über dreißig Bücher gelesen, die ich mit Island verband.

Mein Hauptmotiv für die Reise war, mich in einem Land wiederzufinden, in der ein Magmaherd nur 2200 m unter der Erdoberfläche sich bewegt und das zu einer Jahreszeit, in der die Nächte nur drei Stunden lang sind.

Immerhin schrieb ich ein kleines Testament auf, falls ich nicht lebend zurückkehren würde. Auch nahm ich Tabletten von meinem Psychopharmakon für sieben Wochen mit, falls wegen Widrigkeiten wie einem Vulkanausbruch sich meine Rückreise verzögern würde. Ich richtete mir ein Tagebuch ein mit einer bestimmten Anzahl von Seiten für jeden Reisetag, um einerseits eine Schreibblockade zu überwinden und andererseits einen Schreibrausch zu vermeiden.

Die Reise begann mit einem Bad in der Blauen Lagune, einem der fünf schönsten Bäder der Welt. Den Höhepunkt erreichte mein Islandaufenthalt am sechsten Tag, bei der Umrundung eines Berges in der Vulkanzone; aus Erdlöchern kam heiße Luft. Ich hob einen Lavastein auf und legte ihn wieder zurück mit den besten Wünschen für mich und die Welt. Danach fühlte ich mich begleitet von Engeln und Elfen.

Auf dem absoluten Tiefpunkt der Reise war ich, als wir am siebten Tag stundenlang bei starkem Sturm auf einer Piste durch die Hochlandwüste fuhren. Während eines Stopps stolperte ich über einen Stein und stürzte; zum Glück bekam ich dabei nur ein paar Schürfwunden an den Händen. Zu dem Zeitpunkt war es gut, in einer Reisegruppe zu sein, die fürsorglich, freundlich und friedlich war.

Zwei Tage später lachte mein Herz wieder und ich konnte Reykjavik erobern.

Als Souvenirs nahm ich u.a. einen Wollpullover und eine CD VIKIVAKI mit Volksmusik mit nach Hause. So wie ich mich kenne, werde ich die meisten isländischen Namen und Orte vergessen. Meine umfangreichen Notizen und Fotos werden mein Gedächtnis stützen.

2010

Meine Erlebnisse auf Kreta

Mit meiner Freundin, die ich aus der Schulzeit kenne, buche ich drei Wochen, von Mitte Mai bis Anfang Juni, Urlaub in einer Ferienwohnung in der Nähe des Dorfes Georgioupoli an der Nordküste.

Wir treffen uns am Flughafen der Insel und müssen wegen eines Busfahrerstreiks drei Stunden auf den Transfer zur Wohnanlage warten. Während meine Freundin bei der Ankunft wegen der dürftigen Küchenausstattung und ihrer Schlafstätte nörgelt, muss ich als Ex-Raucherin damit fertig werden, dass sie anfängt, jeden Tag mehrmals genüsslich und süchtig den Aschenbecher zu füllen.

Ein Abenteuer erleben wir am vierten Tag. Wir nehmen an einer Wanderung durch die Imbross-Schlucht teil: acht Kilometer Schottersteine, glatte Steine, Steine rechts und links bei stetigem Abstieg mit teilweise großem Gefälle. Nach drei Stunden stürze ich, kann mich kaum noch auf den Beinen halten. Ein starker männlicher Engel aus Frankreich stützt mich eine Stunde lang bis zum Ziel. Seine Ehefrau trägt meinen Rucksack. Der Arzt stellt anschließend nichts Schlimmes fest: Ich habe, wie schon oft in meinem Leben, Glück im Unglück!

Ganz unten
Überwältigt von der Macht der Berge
Ergriffen von dem See in der Tiefe
Ohne Arbeit, ohne Familie, ohne Interesse
Einfach getrost die Knochen bewegen.

Als wohltuend empfinde ich den reflektierten Sonnenschein, die Wolken, den Schatten auf dem Vormittags- und auf dem Nachmittagsbalkon, die Olivenhaine, die Weingärten, die leuchtenden Blüten am Wegesrand und das achtsame

Zusammensein. Die Mahlzeiten genießen wir zusammen oder getrennt, in der Wohnung oder in einer Taverne. Wir kommen aus sehr unterschiedlichen und leben in sehr unterschiedlichen Verhältnissen, aber unsere gegenseitige Zuneigung ist so groß, dass wir eine gemeinsame Sprache suchen und finden.

In der zweiten Woche fange ich an, im Meer zu baden. Im flachen Wasser spüre ich die Strömung, ich bin wackelig auf den Beinen. Alles andere als spielerisch, bewege mich ganz langsam. Meine Unsicherheit im Kopf: „Ob ich mich erhole oder ob ich nervlich einfach nur um zwanzig Jahre hier altere, wird sich zeigen." Von Mal zu Mal werde ich sicherer. Ich finde mein Selbstvertrauen. Im Wasser kann ich mich sorglos bewegen. Beim Laufen bin ich darauf bedacht, nicht zu stolpern, nicht zu fallen und nehme von den Häusern und Plätzen, der Natur mit Landwirtschaft und Urwüchsigkeit nur einen minimalen Bruchteil wahr.

Viele, viele Jahre vor Christus gab es auf Kreta die Hochkultur der Minoer, die erste europäische Hochkultur. Voller Staunen, Bewunderung und Ehrfurcht betrachten wir des öfteren die geheimnisvollen und zauberhaften Funde der damaligen Handwerker und Künstler.

Licht und Landschaft, Wind und Wetter waren auf Kreta so intensiv, dass mir nichts anderes übrig blieb, als immer wieder neu gedankenlos und tatenlos in der Welt zu sein.

2015

Alles für die KLINKE

Ich strenge gerne meinen Grips an, um Beiträge für unsere Zeitschrift KLINKE zu erstellen. Es ist eine lohnenswerte Aufgabe. Wenn sie dann im Frühjahr erscheint, freue ich mich riesig, und mein Herz lacht.

Am Dienstag, den 26.04.2016, ein wichtiger Termin für die KLINKE, ist der Einsatz meines ganzen Körpers gefordert. Eigentlich ist es ist ein ganz normaler Arbeitstag, doch die Busfahrer streiken. Normalerweise fahre ich mit der Linie 15 vom Hauptbahnhof in Münster nach Albachten. Die Haltestelle ist direkt vor der Firma, in der ich arbeite. Vielleicht würde irgendein Bus irgendwann an diesem nun doch besonderen Tag fahren. Aber es stellt sich die Frage: finde ich dann noch einen Platz? Ich entscheide mich, diesmal mit dem Zug zu fahren und anschließend eine halbe Stunde zu laufen – so, wie ich es bislang häufig tat, wenn gestreikt wurde. Grundsätzlich ist das kein Problem, doch an diesem Tag tagt die KIB (Kommission zur Förderung der Inklusion von Menschen mit Behinderung) das erste Mal nach Erscheinen der KLINKE. Ich möchte unbedingt zwanzig Hefte auslegen, damit die Sitzungsteilnehmer die Möglichkeit haben, ein Heft mitzunehmen und zu lesen. Die übrig gebliebenen Exemplare werden im Sozialamt erhältlich sein. Meine Aufgabe ist es, zwanzig Hefte eine halbe Stunde lang zu Fuß zu transportieren. Für mich ist das eine echte Herausforderung. Zuerst überlege ich, sie auf zwei Beutel zu verteilen, um den Rücken zu schonen. Doch dann fällt mir ein, dass es auch noch regnen soll. Es ist schließlich April! Also verstaue ich meine Last in einen Rucksack, um eine Hand für den Regenschirm frei zu haben.

Wie immer am Morgen noch nicht gänzlich wach, kriege ich das Problem gelöst – trotz Streik, trotz Regen. Bei der Arbeit und im Laufe des Tages erhole ich mich langsam, nicht zuletzt auf dem Rückweg zur Stadt in einem Ausnahmebus mit Sitzplatz. Mir ist es recht so. Es war ein enormer Einsatz beim Start in den Tag, damit unsere Zeitschrift ihre Leser findet, und abends komme ich in vielerlei Hinsicht ehrlich erleichtert zuhause an.

2016

Kommunikation mit der KLINKE

Voraussetzung für meine Beteiligung an der KLINKE ist meine psychische Erkrankung. Ich habe große Angst vor Nähe; meine Sinne sind nach innen gerichtet und es fällt mir schwer, mich mit der Außenwelt zu verbinden. Außerdem bin ich im Wahrnehmen, Denken und Fühlen sehr unsicher. Dass ich ledig und allein bin, akzeptiere ich seit vielen Jahren, und mit dem Schreiben mache ich aus der Not eine Tugend. Lesen und Schreiben ist mein Hobby, in dem ich Befriedigung und Glück finde.

Ich beschäftige mich seit Jahren mit dem Werk von Dorothee Sölle, u.a. mit ihrem Buch MYSTIK UND WIDERSTAND. Die Erkenntnisse, die ich aus dem Glauben, aus der Beziehung zu Gott gewinne, fließen in die Betrachtungen des Lebens, wie ich sie für die KLINKE formuliere, ein. Für meine Begriffe ist die KLINKE-Redaktion auch eine Widerstandsgruppe. Ich fühle mich in ihr gut aufgehoben. Wir haben unsere Regeln in der Redaktion: z.B. Texte, die sexistisch, rassistisch oder faschistisch sind, werden nicht akzeptiert. Ich persönlich finde Texte richtig gut, die sich ausgesprochen gegen Diskriminierung und Lebensfeindlichkeit wenden. Dem Leben von Menschen mit psychischer Erkrankung Raum im Bewusstsein zu geben, geht in diese Richtung. Wenn ich persönliche Texte schreibe, finde ich zu mir, kann ich mich akzeptieren und darüber hinaus Verständnis bei anderen Menschen suchen und finden.

Beim Schreiben gehe ich oft zunächst vor wie früher bei einem Schulaufsatz: Stoffsammlung, Gliederung, Ausarbeitung. Danach erfasse ich das Geschriebene am PC, drucke es aus und erstelle Fotokopien – so wie andere Mitglieder es mir vorgemacht haben – für die erste Veröffentlichung in der Redaktion. Wenn der Text akzeptiert wurde, schicke ich ihn per Email an unseren Moderator.

Wenn die KLINKE erschienen ist, verteile ich sie in der Gemeinde, wo ein Promille sie liest und ein Teil davon sie akzeptieren kann, in der Stadtteilbücherei und der Apotheke vor Ort, wo jeweils zwei Mal fünf Hefte schnell vergriffen sind, und im Freundes- und Bekanntenkreis, wo sie mit Interesse und teilweise großer Anerkennung gelesen wird. Zum Schluss möchte ich die Rückmeldung eines Psychiaters, mit dem ich seit vielen Jahren Briefkontakt habe und der in der Ambulanz eines bayrischen Bezirkskrankenhauses arbeitet, weitergeben:

„Wieder bewundere ich die viele Arbeit, Mühe und Kreativität, die zur Veröffentlichung eines so schönen Heftes, einer solch ansprechenden Zeitung, nötig ist."

Dadurch, dass die Ergebnisse meiner Arbeit in der KLINKE veröffentlicht werden, wird mein Schreiben verstärkt, und es bekommt einen Sinn.

2016

Warum ich gerne in der KIB* bin

Durch die KLINKE-Redaktion wurde ich vor ein paar Jahren in die KIB gewählt. Ich hatte mich als Kandidatin aufgestellt. Die Wahl war ein Erfolgserlebnis. Meine Mitarbeit in der KIB ist beeinflusst vom Psychologiestudium. Ich bin mit Fragen zur psychischen Gesundheit und Krankheit vertraut. Ich wachse in die Aufgabe hinein. Mit meinen Mitteln informiere ich mich, formuliere ich Gedanken zum Thema 'Inklusion'. Ich fühle mich nicht überfordert, weil weder die KLINKE-Redaktion, noch die Vorsitzende der KIB noch die Beauftragte für Menschen mit Behinderung oder andere Mitglieder der KIB mir gegenüber Ansprüche formulieren. Ganz im Gegenteil, meine Äußerungen werden zunächst immer angenommen und nicht selten inhaltlich aufgegriffen.

Hier sind meine Erfahrungen, die mich für die Mitarbeit in der KIB motivieren: Bereits in der Pubertät entwickelte ich ein Gespür für Ungerechtigkeit. In der Familie fand ich, dass mein Vater von ihm Abhängige unangemessen schikanierte. In der Schule setzte ich mich für Mitschülerinnen ein, die schlechte Noten bekamen, obwohl sie gute Leistungen zeigten.

Nach dem Abitur studierte ich Psychologie. Von Anfang an hatte ich dort bei meinem politischen Engagement eine große Klappe. Während der 70er, 80er Jahre gab es in Berlin ein rechtes und ein marxistisches Institut. Durch die Zentrale Registrierstelle erhielt ich einen Studienplatz bei den Konservativen. Ich belegte aber auch Vorlesungen und Seminare am linken Institut, z.B. den Kapitalkurs, in dem ich die dialektische Methode des Aufsteigens vom Abstrakten zum Konkreten kennenlernte. Im Hauptstudium, als es um die Anwendung des Grundwissens in der Therapie ging, vertrat ich in dem kleinen bürgerlichen Institut den Standpunkt: Man muss den Therapieprozess vom Standpunkt des Patienten aus sehen. Das war an der Stelle zu der Zeit auf verrückte Art und Weise revolutionär. In beiden Instituten fiel ich durch mangelnde Leistung auf. In dem einen Zusammenhang schob ich das auf meine Bedenken gegenüber dem Positivismus, in dem anderen ging ich davon aus, dass Leistung nicht wichtig sei. Ich hatte Probleme. Das spürte ich, aber ich hatte keine Einsicht in irgendeine psychische Krankheit.

Bei der ersten Einweisung in die Psychiatrie durch meine Eltern, bei denen ich Ferientage verbracht hatte, informierten sie die Leitung des Instituts, an dem ich eingeschrieben war. Das war für mich eine große persönliche Niederlage. Ich habe mit der Erkrankung weiter studiert, mit einer Kommilitonin zusammen eine Arbeit geschrieben. Die Initiative ging von mir aus. Ich wollte eine theoretische Arbeit zum Thema „Das Frauenbild in verschiedenen Therapietheorien" schreiben. Wir beugten uns dem Willen der Institutsleitung und produzierten eine empirische Arbeit mit zwei theoretischen Teilen. Es ging zum einen um Geschlechtsrollensstereotype und zum andern um Möglichkeiten für Frauen in den verschiedenen Therapien. Bei der Untersuchung verstand ich nur wenig. Mein Beitrag bestand in der Erfindung von acht Fallgeschichten über jeweils zwei depressive Frauen und Männer sowie zwei aggressive Männer und Frauen. Ich schüttelte sie spontan aus dem Ärmel. Wir schickten Fragebögen an Vertreter verschiedener Therapietheorien. Das Ergebnis war: Männliche Therapeuten akzeptieren Aggression eher bei männlichen Patienten. Weibliche Therapeuten akzeptieren Aggression eher bei weiblichen Patienten.

Mit Hängen und Würgen habe ich das Diplom gemacht. Während der Vorbereitung auf die mündlichen Prüfungen fuhr ich am Heiligen Abend mit dem Taxi zur KBoN, der Karl-Bonhoeffer-Nervenklinik. Kurz zuvor hatte ich auf dem Fensterbrett meiner Wohnung im zweiten Stock gesessen. Doch ich wollte nicht wirklich springen. Danach trat ich immer noch lautstark auf – aber nur zum Entsetzen und zum Gelächter der anderen. Mit dem Diplom in der Tasche erhob ich zum Beispiel meine Stimme in einer Erstsemesterveranstaltung und gab gebetsartig die sechste Feuerbachthese von Marx zum Besten. Ich hatte überhaupt nicht gelernt, wissenschaftlich zu denken. Gerade mal eine in sich widersprüchliche Meinung hatte ich mir gebildet. Die Krankheit hatte gesiegt. Das ist Vergangenheit! Es folgte eine lange Phase des Schweigens, in der ich erwachsen wurde.

Für die Zukunft habe ich die Vision, dass die Inklusion meiner Gruppe beschreibbar wird und nicht bei der Betrachtung von einzelnen Menschen stehen bleibt, sondern dass allgemeingültige Aussagen auf verschiedenen Feldern gefunden werden. Ich würde gerne mit verantwortlichen Menschen in der Stadt über das Thema „Inklusion von Menschen mit psychischer Erkrankung/Behinderung" sprechen. In der KLINKE möchte ich dann über die Gespräche berichten.

Die Arbeit in der KIB ist mein Ehrenamt. In dem christlichen Umfeld, zu dem ich mich zugehörig fühle, sind viele Menschen ehrenamtlich engagiert.

2016

*Kommission zur Förderung der Inklusion von Menschen mit Behinderung

MUTMACHTEXTE

politisch

Inklusion – global – lokal

Seit Anfang 2009 gilt die Behindertenrechtskonvention (BRK), das ist das Übereinkommen der Vereinten Nationen über die Rechte von Menschen mit Behinderungen, auch in Deutschland. Das bedeutet, dass die Menschenrechte ausdrücklich auch für Menschen mit psychischer Behinderung gelten. Die Behindertenpolitik hat sich geändert, weil

– die Betroffenen einbezogen werden,
– eine Abkehr vom medizinischen Modell hin zum sozialen Modell festgeschrieben wird. D.h. Menschen mit Behinderungen werden nicht länger über Defizite definiert. Es gilt in der Gesellschaft Vielfalt statt Einfalt.
– die Prinzipien Selbstbestimmung, Teilhabe und Inklusion gelten. Es sollen Bedingungen geschaffen werden, die niemanden ausschließen und die die Bedürfnisse von Menschen mit unterschiedlichen Behinderungen berücksichtigen.

Die Schrift der Bundesregierung 'all inclusive' – Die neue UN-Konvention – umfasst mehr als 40 Seiten mit 50 Artikeln. Voraussichtlich dauert der politische Prozess, der jetzt (2010) am Anfang steht, noch Jahre. Es bietet sich aber eine Sichtweise an, in der die eigene persönliche Situation in einem weltweiten und geschichtlichen Zusammenhang eingebunden ist. Die Regierungen haben sich verpflichtet, ihre Politik an den Menschenrechten zu orientieren. Diese sind jedoch nicht auf juristischem Wege einklagbar.

Auf Landesebene gibt es seit 2010 das 'Signet Nordrhein-Westfalen ohne Barrieren.' Mit dem Signet werden Gebäude ausgezeichnet, die einen guten Standard haben bezüglich

– barrierefrei bewegen
– barrierefrei orientieren

– barrierefrei hören
– barrierefrei erklären und verstehen,
wobei letzteres so gut wie noch gar nicht konkret ausgeführt und dargestellt wird.

Für Menschen mit
– körperlicher und motorischer Einschränkung,
– einer Hörschädigung oder
– Einschränkungen des Sehens
gibt es relativ klare Vorstellungen,
was 'barrierefrei' bedeutet.

Gerade einmal Ansätze zur Beschreibung der Barrieren für Menschen mit einer psychischen Behinderung sowie für deren Überwindung lassen sich so formulieren:

– Reizüberflutung
(Musik beim Einkaufen, Friseur, Zahnarzt, visuelle Überbelastung z.b. beim Arzt, Mietwohnungen ohne Schalldämmung)
Also: Ruheräume!

– Zeitdruck
(hohes Tempo im Alltagsleben, kurze Fristen bei Ämtern, Pausenregelungen am Arbeitsplatz)
Also: Rücksichtnahme!

– Automatisierung
(in Banken, beim Fahrkartenkauf)
Also: Möglichkeit persönlicher Hilfestellung!

– Beamtendeutsch
(Sprachwirrwarr, darunter leiden viele Menschen)
Also: Einfache Sprache!
– Diskriminierung von Menschen mit psychischer
  Erkrankung

(Zwangsbehandlung, Medikamente für Kinder, Zurückhaltung von Informationen bezüglich der Erkrankung)
Also: Neue Normen schaffen und Bedürftigkeit äußern, auch Schwächen zeigen dürfen!

Auf kommunaler Ebene gibt es seit 2013 den Aktionsplan zur Umsetzung der UN-BRK: Münster auf dem Weg zur inklusiven Stadt. Hier ist die Verwaltung gehalten, bei allen Berichts- und Beschlussvorlagen die Themen 'Inklusion' und 'Barrierefreiheit/Design für alle' zu berücksichtigen. 2015 erschien der erste Bericht dazu. 2016 schrieb ich ein Referat für die KIB-Sitzung (Kommission zur Förderung der Inklusion von Menschen mit Behinderung) im März:

„Bewusstseinsbildung ist ein wichtiger Aspekt: grundsätzlich ist ein wohlwollendes Entgegenkommen, das Akzeptanz und Vertrauen auch in die Leistungsfähigkeit beinhaltet, für die verschiedenen Lebensäußerungen von Menschen mit psychischer Behinderung in allen Altersstufen – also auch von Kindern – förderlich und erstrebenswert.
Zur KIB gehören fünf Arbeitsgruppen. Dazu machte ich folgende Vorschläge.

AG 1 – Kinder, Jugendliche , junge Erwachsene
Die Behandlung mit Psychopharmaka sollte weitestgehend, vor allem bei Kindern und Jugendlichen, vermieden werden. Statt dessen sollten andere Therapien bevorzugt werden.
Die Aufklärung über psychische Erkrankungen an Schulen – möglichst durch Betroffene – sollte in den Lehrplan aufgenommen werden.

AG 2 – a) Wohnen, b) Pflege, c) Gesundheit
a) Wohnen: Zu vermeiden sind bei der Gestaltung von Bauelementen und Gebäuden lange Flure mit farblosen Wänden, Decken und Fußböden, identische Türen, minimale

Beschilderung und Räume ohne Fenster. Wünschenswert sind Schalldämmung in Wohnungen und Wohnungen, die gedämpftes Licht zulassen.

b) Pflege: In normalen Krankenhäusern wird auf psychisch kranke Menschen oft keine Rücksicht bei der Pflege genommen.

c) Gesundheit: Vernetzung ist wichtig; bei der Psychiatrie-koordination des Gesundheitsamtes gilt es, sich mit anderen kommunalen Planungsprozessen zu vernetzen. Inklusion ist eben das alltägliche Zusammenleben im Stadtteil und am Arbeitsplatz.
Die Entwicklung von psychiatrischen Einrichtungen sollte davon ausgehen, was (welche Informationen, welche Behandlungen) – die Betroffenen zur wirksamen Teilhabe benötigen. Eine Herausforderung wäre eine Befragung von psychisch behinderten Menschen, welche Orte, welche Hilfen brauchen sie, um mit ihrer Krankheit leben zu können?
Eine besondere Herausforderung sind Zwangsbehandlungen. Es gilt zu untersuchen, inwieweit sie berechtigt sind und deren Missbrauch zu definieren.
Psychiatrische Patienten brauchen Unterstützung bei der Durchsetzung ihres Rechtes auf Einsicht in ihre Krankenakten.
Zu jeder medikamentösen Einstellung sollten Trainings hinzugefügt werden – für Entspannung, Selbstbehauptung und den Umgang mit Informationstechnologien. Eventuell ist es erforderlich, dass diese Trainings noch entwickelt werden oder im Vorfeld durch Beratungen ersetzt werden.

AG 3 – Arbeitsplatz
Inklusion in der Werkstatt und an anderen Arbeitsplätzen bedeutet Lohn, der die Existenz sichert. Konkret sollten flexible Teilzeit- und Pausenregelungen gefunden werden.

Manche Menschen brauchen die Möglichkeit, sich hinzulegen, einen Ruheraum. Zu jedem Arbeitstraining sollte ein
Entspannungstraining gehören.

AG 4 – Freizeit, Sport, Kultur, Weiterbildung
Alles kostet viel Geld: Es sollte ein Kontingent für Freikarten
geben, das psychisch behinderte Menschen abrufen können.
Beim Sport ist zu beachten, dass psychisch Kranke in der
Regel Medikamente nehmen. Es sollte Sport angeboten
werden, der geeignet ist und der in der Nähe der Wohnung
ausgeübt werden kann, vorzugsweise in Gruppen, zu denen
auch Gesunde gehören.
Kultur ist ein wichtiges Thema, da diesbezüglich ein großer
Bedarf und ein großes Angebot bestehen.
Sport und Kunsttherapie im weitesten Sinne sind genauso
wichtig wie die Medikation.
Inklusive Kursangebote (bei der VHS oder in der Familien-
bildungsstätte z.B.) sind erstrebenswert.

AG 5 – Stadtplanung und Verkehr
Ruheräume in der Stadt, in der Nähe von touristischen Orten,
von öffentlichen Gebäuden sind wichtig. Auch Bänke sind
wichtig. Es soll geprüft werden, ob und wo Bedarf besteht.
Dies ist mit der Kommunalen Seniorenvertretung geplant.
Vielleicht sollten auch Menschen mit einer psychischen
Behinderung in den Prozess einbezogen werden."

Die KIB begrüßte die Ausführungen.

2009

Inklusion von Menschen mit psychischer Behinderung

Eine Stellungnahme zum Aktionsplan zur Umsetzung der UN-Behindertenrechtskonvention der Stadt Münster

Ziel ist: Die Inklusion von Menschen mit psychischer Behinderung soll bei aller Berücksichtigung der Besonderheiten annähernd klar definiert und angestrebt werden wie die Inklusion anderer Gruppen mit Behinderung.

Bewusstseinsbildung
Inklusion kann nur gelingen, wenn die Seite des Menschen anerkannt wird, die aus Verletzlichkeit, Schwäche und Angewiesenheit besteht. Isolation und Einsamkeit, Unaufmerksamkeit, Gleichgültigkeit und Wegsehen müssen durch achtsame Zuwendung überwunden werden. Die „Care Ethik" vertritt ein Menschenbild, das auf Menschenwürde aufbaut, die neben Freiheitsrechten auch die Schutzrechte und damit die allgemeine Verpflichtung zu Sorge-Beziehungen einschließt.. Die Asymmetrie der Sorge-Beziehung gebietet, die jeweilige Besonderheit des anderen im Blick zu behalten.

Inklusion ohne Fürsorge geht nicht. Sie ist wichtig und eben darum keine „Dienstleistung am Kunden" – zeitlich getaktet, messbar, kontrollierbar, steuerbar. Inklusion, Zugehörigkeit, Teilhabe erfordern fürsorgliche Begleitung und geschützte Räume.

Behinderung selbst und der Begriff von ihr ist die Wechselwirkung einer individuellen Beeinträchtigung und der sozialen Bedingungen. Es fehlen oft strukturelle und materielle Voraussetzungen, um die Forderungen der UNBRK (Behindertenkonvention der Vereinten Nationen) einlösen zu können. Andererseits könnte die UNBRK auch die Situation von anderen benachteiligten Gruppen verbessern, weil sie wirtschaftliche, soziale und kulturelle Rechte anspricht, die unter kapitalistischen Rahmenbedingungen ein Schattendasein neben den bürgerlichen Freiheitsrechten und den politischen Rechten führen.

Es gilt, die Situation der psychisch behinderten Menschen zu untersuchen, ihre Bedürfnisse zu ermitteln und ihre Vorstellungen herauszufinden. Als Grundlage dafür kann gelten: Der Begriff „Sozialdreieck" bezeichnet eine ausgesprochen komplexe Beziehung zwischen der leistungsberechtigten Person, dem zuständigen Sozialhilfeträger und den Diensten und Einrichtungen als Leistungserbringer. Die Ziele und Lebensvorstellungen der Menschen mit Behinderung müssen in den Mittelpunkt von Bedarfsermittlung, Hilfeplanung und Leistungserbringung gestellt werden und für diese handlungsleitend sein. Es muss gefragt werden, wo, mit wem, und wie die Behinderten leben wollen. Das gilt für alle Behinderten. Dabei richtet sich der Blick nicht zuerst auf Störungen, Beeinträchtigungen, Behinderungen, sondern auf unterschiedliche Teilhabe in der jeweils besonderen Gestalt des Einzelfalls.

Psychisch erkrankte Menschen wollen in der Regel einfach nur wieder gesund werden; teilweise ist dies illusorisch. In diesen Fällen besteht eine Behinderung, deren grundsätzliche Anerkennung als Außenseiter, wie bei Menschen mit einem anderen kulturellen Hintergrund, Inklusion bedeutet. Inklusion findet immer in Teilbereichen der Gesellschaft statt – z.B. Arbeit oder Sport – die sich weitgehend unterscheiden. Inklusion betont den Aspekt der Gemeinschaft und erfordert dabei auf allen Seiten Kompetenzen, darin liegen ihre Grenzen, auch in den Beziehungsstörungen der Betroffenen.

Eine Kampagne zur Bewusstseinsbildung in der Öffentlichkeit könnte eine Plakataktion sein, wie für Aids, wie von der „Aktion Mensch".

„Das Konzept der assistierten Freiheit hilft, sich den Inklusionsmöglichkeiten zu nähern. Freiheit, Selbstbestimmung stehen auf der einen, Bedürftigkeit, Verletzlichkeit, Abhängigkeit auf der anderen Seite. Alle behinderten Menschen, auch die mit einem hohen Unterstützungsbedarf, werden in den Schutzbereich der Menschenrechte eingeschlossen. Negative Rechte gewähren Schutz vor Willkür und Ungleichbehandlung. Positive Rechte gewähren die Einrichtung notwendiger Unterstützung und Assistenz. Beim Betreuungsrecht geht es nicht mehr um stellvertretende, sondern um assistierte Entscheidungen." (Kerbe)

2015

Quellen:
Münster auf dem Weg zur inklusiven Stadt
Aktionsplan zur Umsetzung der
UN-Behindertenrechtskonvention
Kerbe – Forum für soziale Psychiatrie 4/2014
Themenschwerpunkt: Inklusion bewegt

Politische Partizipation
von Menschen mit Behinderungen
in den Kommunen stärken!

Von 2013 bis 2015 wurde von der Landesarbeits-
gemeinschaft (LAG) SELBSTHILFE NRW e.V. und
einer Einrichtung der Universität Siegen in NRW eine
umfangreiche Untersuchung zu diesem Thema und seiner
Bedeutung durchgeführt. Grundlage war die Einsicht, dass
die Behindertenrechtskonvention (BRK) der UN, Vereinte
Nationen, eine bessere Wirksamkeit der Interessenver-
tretungen einfordert. Die Selbstorganisation ist als wichtigste
Grundlage einer wirksamen Interessenvertretung von
Menschen mit verschiedenen Behinderungen zu verstehen.
Es gilt der Slogan: „Nichts über uns ohne uns".

Seit über zehn Jahren gibt es das Behinderten-
gleichstellungsgesetz NRW, demzufolge die Wahrung
der Belange von Menschen mit Behinderung per Satzung
geregelt werden soll. Die BRK wird auf kommunaler
Ebene längst nicht überall umgesetzt. Eine Satzung ist erst
in wenigen Kommunen in NRW verfasst worden. In etwas
mehr als der Hälfte aller Kommunen gibt es eine Form der
Behindertenvertretung.

In Münster ist in der Hauptsatzung die KIB (Kommission zur
Förderung der Inklusion von Menschen mit Behinderung)
und auch die Funktion einer Beauftragten für Menschen mit
Behinderung verankert. Daran merkt man, dass die politische
Beteiligung von Menschen mit Behinderung anerkannt und
wertgeschätzt wird.

Auch Menschen mit einer psychischen Erkrankung oder
Behinderung wurden im Rahmen der Untersuchung NRW-
weit befragt; allerdings gab es nur acht Rückmeldungen.
Diese Rückmeldungen waren zum allergrößten Teil negativ.

Prinzipiell kann man von verschiedenen Stufen der Partizipation ausgehen. Prozesse der Beratung und Anhörung sind Vorstufen, die Möglichkeit der Mitentscheidung erst stellt echte Partizipation dar. Dabei gilt, dass Menschen mit Behinderung Expert*Innen in eigener Sache sind und deswegen in Beteiligungsstrukturen einbezogen werden sollten.

Die Auswertung der Untersuchung gliedert sich in drei Punkte:

1.) Partizipative Strukturen: M.E. ist dieses Thema in Münster durch die KIB und den Aktionsplan zur Umsetzung der BRK sowie den Berichten darüber abgedeckt.

2.) Inklusive Kultur: Dieses Thema ist wichtig für die Gruppe, die ich vertrete, die Menschen mit psychischer Behinderung. Ziel ist es, eine inklusive Kultur zu gestalten, welche die gleichberechtigte Beteiligung aller begünstigt. Bewusstseinsbildende Maßnahmen müssten Vorurteile abbauen, Diskriminierungen bekämpfen, Selbsterfahrungen und Rollenübernahmen ermöglichen, direkte persönliche Kontakte auf Augenhöhe etablieren und die starren Grenzen zwischen 'normal' und 'behindert' auflösen. Echte Beteiligung erfordert eine gelungene Mischung aus kooperativem und konfrontativem Verhalten.

3.) Politische Aktivität: Durch die KIB entsteht ein Kommunikationsprozess. Zum einen vertritt die KIB Interessen zur Inklusion in der Kommune, zum anderen vertreten die Sprecher der verschiedenen Gruppen von Menschen mit Behinderungen neben den anderen Sprechern, z.B. der Fraktionen, ihre Interessen in der KIB. Die politische Aktivität stellt in gewisser Weise eine Synthese von politischer Struktur und inklusiver Kultur dar. Sie kann aktiv und reaktiv sein. Als ich aktiv wurde und einen Text für die Inklusion von

Menschen mit psychischer Behinderung aufsetzte, welcher auf die fünf Arbeitsgruppen der KIB einging, bekam ich sehr viel Anerkennung. Im Rahmen meiner reaktiven Mitarbeit überfordern mich manchmal die sogenannten Sachzwänge. Das ist die Fülle an Material, an Informationen, die ich zur Vorbereitung einer Sitzung bekomme. Es geht dann darum herauszufinden, was für meine Gruppe wichtig ist und eine Beteiligung, einen Kommentar oder eine Anregung für die Diskussion, zu formulieren. Bei diesem Kraftakt bekomme ich Unterstützung von der KLINKE-Redaktion, insbesondere von meinem Vertreter Gerd Potthoff, und von der Beauftragten für Menschen mit Behinderung, Frau Rüter.

Weitere Informationen:
www.lag-selbsthilfe-nrw.de

2016

Bündnis gegen Depression

Am 10.02.2010 gab es im Rathausfestsaal Münster eine Auftaktveranstaltung anlässlich des Beitrittes der Stadt – zunächst für drei Jahre – zum Verein 'Bündnis gegen Depression' (s. www.buendnis-depression.de).
Mitglieder sind über zwanzig Institutionen, die fachliche Kompetenz der Stadt ist vereint.

Der gemeinnützige Verein verfolgt das Ziel, die gesundheitliche Situation depressiver Menschen zu verbessern, eine Vernetzung der Akteure bei der Behandlung zu erreichen und das Wissen über die Krankheit in der Bevölkerung zu erweitern. Die Mitgliedschaft spart Kosten bei der Öffentlichkeitsarbeit und der Durchführung von Fortbildungen. Das Gesundheitshaus bildet dabei die Plattform für Veranstaltungen, Informationssammlung und -weitergabe.

Depression ist eine Volkskrankheit. Jeder siebte Deutsche ist mindestens einmal im Leben davon betroffen. Die Symptome sind nicht bei allen Menschen gleich. Die Krankheit ist behandelbar. Bei den Patienten ist die Angst vor einer Stigmatisierung dennoch groß. Eine Depression kann jeden Menschen treffen. In den Medien ist Depression immerhin längst kein Tabuthema mehr.

Auch die volkswirtschaftlichen Konsequenzen sind erheblich. Neben den direkten Kosten für die Behandlung depressiver Erkrankungen entstehen auch sekundäre Kosten. Menschen mit affektiven Störungen, zu denen die Depression gehört, haben zwei- bis dreimal so viele Fehltage wie Nicht-Depressive, und Depression ist die häufigste Diagnose für eine Erwerbsunfähigkeitsrente.

In meinen Unterlagen vermisse ich eine Analyse der Gründe für die Volkskrankheit Depression. Um ihr vorbeugend zu begegnen, muss doch festgestellt werden, dass die Vorherrschaft des Geldes im Kapitalismus einhergeht mit selbstentfremdeter Erwerbstätigkeit, die uns gefangen hält und das ganze Leben bestimmt. Müssen wir nicht in allen Bereichen uns verkaufen, uns darstellen und uns behaupten? Auf der Strecke bleibt eine Bedürftigkeit, die zum Menschsein dazugehört.

Ich möchte vier Zusammenhänge nennen, die zunehmend verlorengehen und diese Bedürftigkeit nicht mehr befriedigen:

– Das individuelle Bewusstsein
Ein chinesisches Sprichwort lautet: Der Mensch bringt jeden Tag sein Haar in Ordnung, warum nicht auch sein Herz.

– Gewohnheiten in der Familie
Regelmäßig gemeinsam essen hält Leib und Seele zusammen.

– Riten in der religiösen Gemeinschaft
Der Rhythmus von Ruhe und Aktivität, der durch die Heiligung des Sonntages – konkret durch den regelmäßigen Besuch des Gottesdienstes – entsteht, gibt Kraft, um Stress zu begegnen.

– Volksbräuche
Das Eingebettetsein in Traditionen gibt Halt. Ich denke an das deutsche Vereinswesen, z.B. für Karneval, für Sport u.ä.

Ist es nicht plausibel, dass es zu Erschöpfung, Niedergeschlagenheit, Kraftlosigkeit, nach innen gerichteter Wut kommt, wenn derartige Aspekte ignoriert werden?

2011

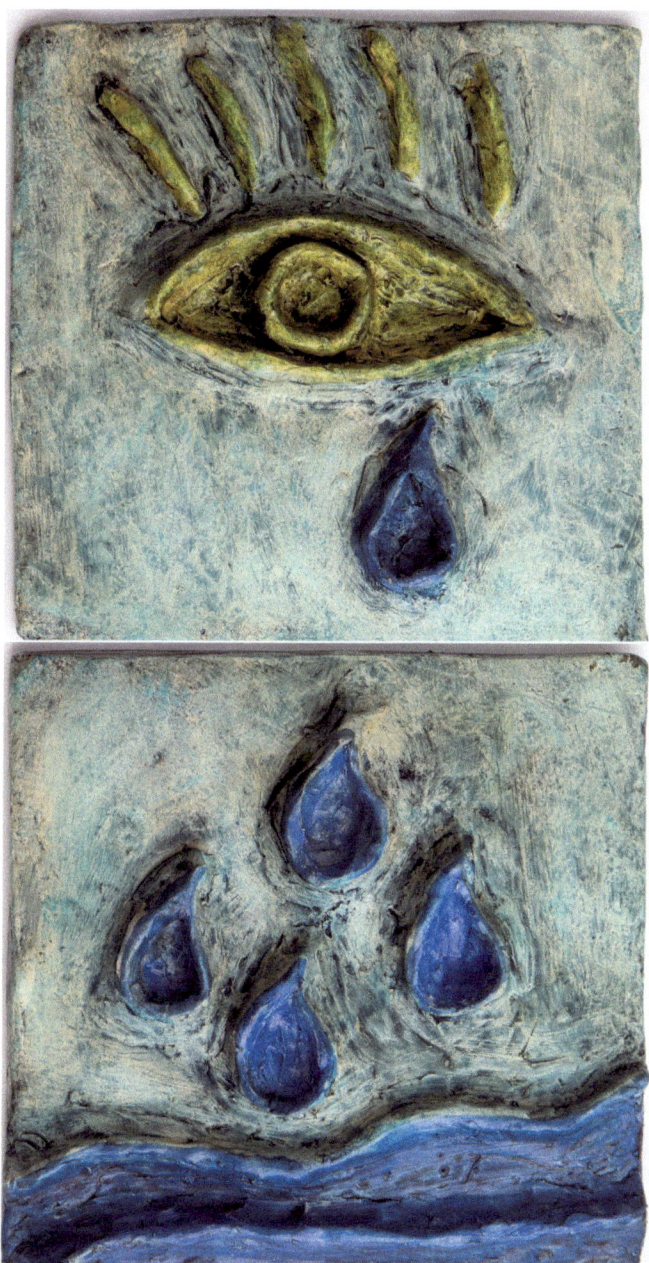

Kinder psychisch kranker Eltern

In Münster gab es 2014 236 psychisch kranke Eltern; 71 Prozent davon waren Mütter. Es gab 378 betroffene Kinder, Mädchen und Jungen jeweils zu etwa 50 Prozent (Zahlen des Gesundheitsamtes). Es kann davon ausgegangen werden, dass bundesweit mindestens ca. drei Millionen Kinder und Jugendliche von einer psychischen und/oder Sucht-Erkrankung ihrer Eltern betroffen sind. Kinder psychisch kranker Eltern haben ein deutlich erhöhtes Risiko, ebenfalls psychische Störungen zu zeigen. Viele psychisch kranke Eltern mit minderjährigen Kindern werden in den Facharztpraxen und Institutsambulanzen behandelt, ohne dass der sozialpsychiatrische Dienst davon Kenntnis erhält und Daten erheben kann.

Beim Gesundheitsamt ist die Abteilung 'Psychische Gesundheit' für die betroffene Gruppe der Kinder zuständig. Zu ihr gehören

– der sozialpsychiatrische Dienst
– der kinder- und jugendpsychiatrische Dienst mit der Fachstelle 'Frühe Hilfen'.

Vom Amt für Kinder, Jugendliche und Familien kooperiert der 'Kommunale Sozialdienst'. In jedem Bezirk findet einmal im Monat eine kinder- und jugendpsychiatrische Sprechstunde statt. Die Unterstützungen bestehen in der Bereitstellung von Haushaltshilfen, Vermittlung in Selbsthilfegruppen, erzieherischen Hilfen, ärztlich-therapeutischen Behandlungen oder Eingliederungsmaßnahmen.

Um mehr Erkenntnisse über die Situation von Kindern psychisch kranker Eltern zu gewinnen, wurde vom Gesundheitsamt ein Fragebogen zum vierten Quartal 2014 an psychiatrische und psychotherapeutische Praxen verteilt.

Das Ergebnis ist, dass psychoedukative Angehörigenge-spräche mit Kindern nur sehr wenig durchgeführt wurden, d.h. ein Großteil der Kinder profitiert nur indirekt von der Therapie der Eltern.

Seit vielen Jahren sind im Arbeitskreis 'Psychische Erkrankungen in Familien' alle am Thema Beteiligte und vor allem auch betroffene Eltern bzw. Angehörige organisiert. Auf seine Anregung hin sind die Auryn-Gruppen entstanden. In ihnen finden Kinder und Jugendliche psychisch kranker Eltern kostenfreie Hilfe, die auch die Eltern als Entlastung empfinden. 'Auryn' steht für ein Amulett, das unbesiegbar macht und Kraft und Mut verleiht, um schwierige Aufgaben zu bewältigen und ist dem Buch DIE UNENDLICHE GESCHICHTE von Michael Ende entnommen. Ein weiteres präventives Konzept besteht für die Gruppe 'Aufwind', in der psychisch belastete und von Isolation bedrohte Eltern sich treffen, die Kinder im Vorschul- oder Grundschulalter haben. Beide Gruppen werden gemeinsam vom Förderkreis Sozialpsychiatrie e.V. (Jugendhaus Piusallee) und von der Beratungsstelle Südviertel e.V. angeboten.

Seit Anfang 2015 gibt es vom Gesundheitsamt aus ein Projekt in der LWL-Klinik (Landschaftsverband Westfalen Lippe) Münster, bei dem psychisch kranke Eltern frühzeitig und mit dem Ziel der Prävention von Störungen bei Kindern u.a. in einer Familiensprechstunde Hilfe erfahren. Die Mitarbeiterinnen und Mitarbeiter der LWL-Klinik sind in die Beratung eng eingebunden. Es wird davon ausgegangen, dass mindestens 500 betroffene Personen in Münster in der zweijährigen Laufzeit des Projektes direkt erreicht werden. Bleibt zu hoffen, dass es von der Landesinitiative 'Starke Seelen' finanziell gefördert wird.

Mitte 2015 wurde auf Initiative des Gesundheitsamtes von einem ärztlichen Fachgremium ein „Familienerfassungsbogen" entwickelt. Er ist als Arbeitshilfe während der ambulanten und stationären Behandlung von psychisch kranken Eltern vorgesehen und kann dazu beitragen, dass die im Haushalt der Patienten lebenden minderjährigen Kinder rechtzeitig erfasst werden. Es sollen auf diese Weise sowohl Ressourcen als auch Probleme im Familiensystem frühzeitig berücksichtigt werden können.

Das Hilfsangebot für Kinder psychisch kranker Eltern besteht seit etlichen Jahren, wird weiterentwickelt und koordiniert, um die Erziehung durch die Eltern selbst zu gewährleisten und zu verbessern.

2015

Quelle:
Gesundheitsbericht
Kinder psychisch kranker Eltern
Gesundheitsförderung für betroffene Familien in Münster
2015
Amt für Gesundheit, Veterinär- und
Lebensmittelangelegenheiten

Zum Thema Arbeit

In einer KIB-Sitzung zur Beschäftigung von Menschen mit Behinderung in Münster bot Herr Schölling, seit 2011 stellvertretender Amtsleiter des Jobcenters Münster, mir an, ein Gespräch mit ihm zu führen und mir damit einen großen Wunsch zu erfüllen, den ich seit längerer Zeit hegte. Nach einem Studium an der Fachhochschule des Bundes für öffentliche Verwaltung in Mannheim arbeitete er zwei Jahre lang in Düsseldorf als Sachbearbeiter in der Arbeitsagentur, seit 2006 als Führungsunterstützungsberater bei der Agentur für Arbeit in Münster. Er leitet zudem die Abteilung 'Maßnahmenmanagement', die vielseitigste von fünf Abteilungen des Jobcenters. Zu den Maßnahmen gehören Qualifizierungen, niederschwellige Beratung, die finanzielle Regelung von Ausbildungen, z.B. die Erlangung eines Führerscheins, und Leistungen an Arbeitgeber.

Auf dem deutschen Arbeitsmarkt gibt es relativ wenige Arbeitslose. Auf dem ersten Arbeitsmarkt sind die Anforderungen an die Leistungen der Angestellten sehr hoch. Es gibt jedoch nicht nur Menschen mit und ohne Arbeit. Es gibt auch eine große Anzahl Werktätiger in prekären Arbeitsverhältnissen, d.h. befristeten Stellen, Stellen mit Teilzeit und solchen, die nicht tarifgebunden sind. Für psychisch Kranke oder Behinderte ist der Lebenslauf fast immer mit einem sozialen Abstieg verbunden, weil sie kaum eine gut bezahlte Stelle bekommen. Welche Maßnahmen könnten innerhalb des bestehenden kleinen Spielraums dazu führen, dass ein psychisch kranker Mensch eine Arbeit auf dem ersten Arbeitsmarkt ausüben kann?

Um auszuloten, ob und wie dies durch Maßnahmen bei der Arbeitsvermittlung erreicht werden kann, sprach ich also mit Herrn Schölling. Zur Vorbereitung diente mir die Zusammenstellung von Ideen zur Inklusion von Menschen mit psychischer Behinderung. Die Gruppe 3 der KIB beschäftigt sich mit dem Thema 'Arbeitsplatz'.

Mein erster Vorschlag ging in die Richtung, flexible Arbeits- und Pausenregelungen zu schaffen. Das hängt in hohem Maße von der Bereitschaft der Arbeitgeber ab. Die Frage gehört zur Potentialanalyse. Die Stadt Münster als Arbeitgeber hat flexible Arbeitszeiten, besonders in der Verwaltung. Die o.g. Zahlungen an den Arbeitgeber auf dem ersten Arbeitsmarkt können bis zu 75 Prozent des Gehaltes betragen. Die Jobcoaches, die speziell für Schwerbehinderte und Rehabilitanden tätig sind, werden über die Bedeutung des Themas in diesem Zusammenhang informiert.
Weiterhin brauchen manche Menschen einen Ruheraum oder die Möglichkeit, sich hinzulegen. Es wird aber schwer sein, zu erreichen, dass solche Räume geschaffen werden. Die Wirtschaftsförderung, 100prozentige Tochter der Stadt, hat Arbeitgeberkontakte. Sie könnte dieses Thema in das öffentliche Bewusstsein rücken.

Zu jedem Arbeitstraining sollte ein Entspannungstraining gehören. Bei diesem Anliegen verweist Herr Schölling auf das Theaterprojekt work.ART, zu dem im Rahmen der Gesundheitsförderung auch Entspannungstechniken gehören. Autogenes Training oder Entspannung nach Jacobson ist aber bei jeder Betreuung von psychisch kranken Arbeitslosen anzustreben. Es geht um die Ausweitung der niederschwelligen Angebote von Gesundheitscoaches, die z.B. bereits Tai Chi mit den Betroffenen üben.

Voraussetzung für die Arbeitsvermittlung von Menschen mit psychischer Erkrankung in eine normal bezahlte Arbeit ist auf jeden Fall eine Einsicht in die Krankheit und eine Bereitschaft zur Mitarbeit. Zu meiner eigenen Erfahrung gehört, dass ich, zunächst als psychisch Kranke, später mit einem Behinderungsgrad von 50 Prozent, 21 Jahre lang bis zur Rente eine Teilzeitarbeitsstelle auf dem ersten Arbeitsmarkt ausgefüllt habe. Ich fand das gerecht und habe dafür auch mit mir selber gekämpft. Z.B. bin ich trotz großer Ängste immer wieder hingegangen und habe mich mit der Realität konfrontiert. Dabei stellte ich fest, dass alles besser lief als ich es mir vorstellen konnte. Außerdem hielt ich mich weitgehend an meine Regeln: bei der Zusammenarbeit mit Chef und Kollegen war ich freundlich, sachlich, höflich. Bei der Arbeit selber gab ich mir alle Mühe, sorgfältig, gewissenhaft und zuverlässig zu sein. Hinzu kam, dass ich trotz teilweise großer Fehler mit finanziellen Verlusten für die Firma an der Stelle bleiben konnte. Ich weiß, dass dies auch Menschen ohne psychiatrische Diagnose passiert. Trotzdem war ich glücklich und erleichtert, dass ich eine echte Chance bekam. Es ist richtig und wichtig, dass jeder Mensch sein Leben lang stets aufs Neue nicht nur eine, sondern mehrere Chancen erhält, die mit angemessenen Bedingungen und angemessenem Erwerb verbunden sind und die sich ihm anbieten, sie mit aller Kraft zu ergreifen.

Mit diesem politischen Gespräch hatte ich einem weiteren von Milliarden Steinchen im Mosaik Inklusion einen Platz gegeben.

2018

STIGMA PSYCHISCHE KRANKHEIT

Zum Umgang mit Vorurteilen,
Schuldzuweisungen und Diskriminierungen

Asmus Finzen, der Autor des Buches und Professor der
Psychiatrie, setzt sich mit der schwierigen Situation von
Schizophrenen auseinander.

Ein Stigma entsteht aus Vorurteilen – z.B., dass Schizophrene
nicht gesund werden können – Schuldzuweisungen und
Diskriminierungen, d.h. der Umsetzung abwertender
Vorurteile in Handlungen. Stigmatisierung kann als soziales
Phänomen nicht aufgehoben werden. Die Möglichkeit zum
Entzug der Identität bzw. der Gruppenzugehörigkeit ist Teil
der Sanktionsmechanismen aller sozialen Gruppierungen.
Im Fall der Schizophrenie greift das Stigma so tief, dass es
zur zweiten Krankheit wird. Vom Stigma betroffen werden
auch Menschen, die mit den Schizophrenie-Kranken
in Beziehung stehen: Angehörige, Freunde, Bekannte,
Kollegen, auch in der Psychiatrie Tätige. Es gibt den Begriff
der 'Selbststigmatisierung'. Er ist aber problematisch, weil
er unterstellt, dass der Schizophrene selbst an seiner zweiten
Krankheit schuld sei.

Wie wird Schizophrenie gesehen? Wie ist sie wirklich? Mit
welchen Klarstellungen kann der Stigmatisierung begegnet
werden?

Schizophrenie wird für eine Verwirrung von Geist und
Seele, für pure Unvernunft verbunden mit Unheimlichem,
Unberechenbarkeit, Verantwortungslosigkeit gehalten.
Auch heute noch wirken die national-sozialistischen
Vorurteile vom Unwert des Lebens unter bestimmten
Bedingungen. Das Risiko, durch eigene Hand zu sterben ist
bei Schizophrenie-Kranken fünf- bis zehnmal höher als bei

Es ist alles eine Frage des Stoffwechsels

159

der Durchschnittsbevölkerung. Der Suizid ist in vielen Fällen nicht Ausgeburt ihres Wahns, sondern Reaktion auf eine Lebenssituation, die sie als unerträglich erleben.

Zudem ist das Bild vom 'geisteskranken Gewaltverbrecher' allgegenwärtig. Schizophrenie ist nicht seltener als eine insulinpflichtige Zuckerkrankheit. Weil sie so vielfältig in ihren Erscheinungsformen ist, ist sie auch für Erfahrene oft nur schwer greifbar. Die Bekämpfung der Krankheiten ist das Ziel, nicht der Menschen, die unter ihnen leiden. Psychisch Kranke sind keine besseren Menschen als psychisch Gesunde, aber auch keine schlechteren. Eine Schizophrenie ist nicht durch Fehler in der Erziehung oder ein ungutes Familienmilieu verursacht. An ihr ist niemand schuld; man kann von einer biologisch, psychologisch und sozial bedingten erhöhten Verletzlichkeit ausgehen. Zur Krankheit gehören wechselnde Phasen des Wohlbefindens und der Krankheit/Behinderung. Durch sie ändern sich Perspektiven in beruflicher und familiärer Hinsicht. Im Einzelfall kann sie einen schweren Verlauf nehmen. Sie kann aber auch nach langjährigem, schwerem Verlauf abklingen.

Wie kann mit der zweiten Krankheit umgegangen werden?

Auf gesellschaftlicher Ebene gilt es zu verstehen, dass die Begegnung mit psychisch Kranken die verbreitete Angst, 'den Verstand zu verlieren', anspricht. Es ist angesagt, Aufklärungsarbeit in Schulen und für bestimmte Berufsgruppen wie Journalisten, Pastoren, Polizisten, sogenannte 'Antistigma-Arbeit von unten', durchzuführen. Dabei ist zu beachten, dass sich die allgemeine Meinung zwar gegen psychisch kranke Menschen richten kann, das konkrete Verhalten in der zwischenmenschlichen Realität jedoch häufig von Akzeptanz geprägt ist. Vertreter der Psychiatrie haben oftmals versucht, die gängig schlechte Meinung in der Öffentlichkeit gerade in Bezug auf die Schizophrenie durch eine 'Entstigmatisierungskampagne' zu beeinflussen, jedoch ohne Erfolg.

Von vielen, auch von Psychiatern, wird vorurteilsmäßig übersehen, dass sich Einschränkungen im Krankheitsverlauf auch zum Positiven verändern können. Lehrmeinungen der Psychiatrie – z.b. die der schuldigen Mutter – wurden und bleiben Vorurteile in der Bevölkerung, indem sie sich von der Forschungsstätte in die entsprechenden Ausbildungsstätten und in die Redaktionen der Presse ausbreiteten. In der Psychiatrie Tätige können in Anti-Stigma-Kompetenz trainiert werden. Sie besteht in der Fähigkeit, sich wirksam gegen Stigma und Diskriminierung zu richten. Sie drückt sich in Wissen, Haltung und Verhalten aus und bedeutet, einen aktiven Beitrag zu einem respektvollen und gleichberechtigten Miteinander. Die Therapie der Grunderkrankung ist nicht ausreichend. Die zweite Krankheit bedarf genauso der Aufmerksamkeit des Therapeuten. Die Auseinandersetzung der Kranken mit dem Unrecht, das ihnen geschieht, setzt die Stärkung ihrer Persönlichkeit voraus. Diese besteht in der Aufnahme von relevanten Informationen über die Krankheit, der Bereitschaft und Kraft, sich zu wehren und der Entwicklung eines Selbstbildes, das von der eigenen Übernahme von Vorurteilen befreit ist. Die therapeutische Hilfe bei diesem Prozess ist höchstwahrscheinlich effektiver als jede 'Entstigmatisierungskampagne' oder die 'Antistigma-Arbeit' von unten.

Eltern ihrerseits können neben der Zusammenarbeit mit den Ärzten, Informationen in für sie geschriebenen Büchern, in Selbsthilfegruppen oder auch im Internet suchen. Für Angehörige sind psychische Gesundheit, emotionale Ausgeglichenheit und ein Mindestmaß an Gelassenheit förderlich für eine konstruktive Begegnung mit ihren psychisch kranken Verwandten. Grundsätzlich ist Geduld immer wieder neu von Nöten. Die Organisierung der Angehörigen ist geschlossener als die der Psychiatrie-Erfahrenen selber. Während die Wirkung der einen eher in die Öffentlichkeit hineinwirkt, ändert das Engagement der Betroffenen das jeweilige Einzelschicksal effektiver, direkter.

An der Grenze der Psychiatrie setzt die Selbsthilfe ein. Die Mitarbeit der Erkrankten in der Therapie ist von großer Bedeutung. Eine Möglichkeit, mit der Krankheit umzugehen, besteht darin, sie zu verbergen. Dies ist anstrengend und nicht immer durchzuhalten. Es kann auch die Probleme verschärfen. Psychisch Kranke und ehemals psychisch Kranke brauchen den Austausch mit anderen betroffenen Menschen über ihr Leiden, ihre Behandlung und ihre damit verbundenen Probleme. Zum Stigma-Management oder zur Stigmabewältigung gehört, durch Selbstvorurteile und Selbstdiskriminierungen entstandene Hilflosigkeit und Resignation zu überwinden und Selbstvertrauen und 'Empowerment', Bewältigung der Lebensaufgaben, zu entwickeln, denn die zweite Krankheit greift die Identität, die Persönlichkeit an, ja verdirbt sie bzw. ruiniert sie.

Das Buch hilft, die Schizophrenie als soziales Phänomen zu verstehen und hoffnungsvoll damit umzugehen. Wenn die Diagnose gestellt wurde, ist eine Zusammenarbeit von Betroffenen, Angehörigen und Ärzten wichtig, um ein gemeinsames Verständnis zu erreichen.

2017

Asmus Finzen
STIGMA PSYCHISCHE KRANKHEIT
Psychiatrie Verlag

Zur Geschichte der Psychiatrie

Hauptmotiv für die Auseinandersetzung mit dem Thema ist der Schmerz, den ich empfinde angesichts der Zwangsmaßnahmen, die ich in der Psychiatrie erfuhr. Zu der Orientierungslosigkeit der Psychose kam in zwei verschiedenen Situationen die Hilflosigkeit gegenüber Ärztin und Richter, gegenüber Polizist und Ärztin hinzu. Ich möchte einen Blick werfen auf die Erfahrungsgeschichte von psychisch kranken Menschen zu verschiedenen Zeiten und so meine Situation in einen Zusammenhang stellen. Grundlage sind unter anderem zwei Bücher über die Psychiatrie in Bremen, die ich erwarb, als wir mit der KLINKE-Redaktion dort waren.

Im 18. und 19. Jahrhundert lebten „Wahnwitzige, Tolle und Rasende", Menschen, die für andere „Scheusal und Schrecken" werden konnten, unter elenden Bedingungen, wie Vieh. Glück hatte, wer in eine „familiäre Irrenpflege" kam, eine Maßnahme, die bis ins 20. Jahrhundert durchgeführt wurde. Dieses Glück hatte der geniale Dichter Friedrich Hölderlin (1770-1843).

Anfang des 20. Jahrhunderts entwickelte sich die Anstaltspsychiatrie, die Verwahrpsychiatrie, weit weg von der Stadt und mit großen Wachsälen. Es galt die Regel: psychisch Kranke brauchen weniger Raum. Verschiedene Wirtschaftszweige sorgten für wirtschaftliche Autonomie. Es gab eine eigene Währung in Form von Blechgeld. Die Waren, die man auf dem Gelände kaufen konnte, waren überteuert, und es gab für verschiedene Kunden verschiedene Preise. Arbeitstherapie war die wichtigste Behandlung zur Reaktivierung von individuellen Kräften und Fähigkeiten. Ansonsten war die Beruhigung der Kranken Hauptziel der „Irrenbehandlung" z.B. durch stunden-, ja tagelange Wannenbäder.

Schon in der Weimarer Republik wurde von Wissenschaftlern der Begriff „Ballastexistenz" geprägt. Durch sie – psychisch Kranke und „Antisoziale" – würde der deutsche Volkskörper zunehmend ruiniert und sie seien deshalb „unschädlich" zu machen. Es galt die Regel „Heilen oder Vernichten". Das Individuum, sowohl TherapeutIn als auch PatientIn, hatte sich dem Ganzen unterzuordnen. Die neuentwickelte Cardiazol-Therapie löste Krämpfe aus und rief beim Patienten eine Art Vernichtungsgefühl und große Angst hervor. Sie war eine Folter. Die Patienten wurden zur Untätigkeit ins Bett verbannt. Es wird berichtet: dreißig Menschen waren vier Wochen lang in einem Tagesraum eingesperrt. Ein Gesunder hält das nicht aus; wie aber soll ein psychisch Kranker unter diesen Umständen gesund werden?

In der Nazizeit wurde das konstante Problem der Über-belegung nicht durch Ausbau der psychiatrischen Einrichtungen, sondern durch Vernichtung der für „lebensunwert" gehaltenen PatientInnen angegangen. Dies galt auch für Kinder. Das „Euthanasie"-Programm der Nazis (Euthanasie = leichtes Sterben) war ein kollektiver Wahnsinn der buchstäblich über Leichen ging. Es wurde in geheimer Arbeit an der Tiergartenstraße 4 in Berlin – daher der Name T4 – verwaltet und organisiert. Grundlage war, neben der wissenschaftlichen Argumente, das „Gesetz zur Verhütung erbkranken Nachwuchses" und die propagandistische Floskel „so teuer ist ein Erbkranker." Geisteskrankheit galt als organisch und erblich bedingt. An der T4-Aktion waren 60-80 Personen beteiligt, und es wurden allein durch sie 70-80000 Erwachsene und 5000 Kinder ermordet. Insgesamt gab es 300.000 Zwangssterilisationen und ca. 200.000 Morde – zunächst durch Giftgas in sechs Vernichtungsanstalten in Deutschland und Österreich, später, bei aufkommendem Protest, heimlich durch Spritzen, Medikamente und Verhungern.

Zu diesem Protest gehörte auch die dritte politische Predigt des Kardinal Graf von Galen im Sommer 1941 in Münster. Er sagte: "Eine furchtbare Lehre, die die Ermordung Unschuldiger rechtfertigen will, die die gewaltsame Tötung der nicht mehr arbeitsfähigen Invaliden, Krüppel, unheilbar Kranken, Altersschwachen grundsätzlich freigibt (...) Als Todesursache wird dann irgendeine Krankheit angegeben. Da die Leiche sofort verbrannt wird, können die Angehörigen und auch die Kriminalpolizei hinterher nicht mehr feststellen, ob die Krankheit wirklich vorgelegen hat und welche Todesursache vorlag." Der Kardinal erstattete pflichtgemäß Anklage. Weiter sagte er:"Es ist nicht auszudenken, welche Verwilderung der Sitten, welch allgemeines gegenseitiges Misstrauen bis in die Familien hinein getragen wird, wenn diese furchtbare Lehre geduldet, angenommen und befolgt wird." *S.109/110*

Er mahnte die Einhaltung der zehn Gebote an. Sein Widerstand wurde durch die „Weiße Rose" aufgegriffen. Er verhallte, ohne dass dem Kardinal etwas angetan wurde, aber auch ohne dass das Morden gestoppt wurde. Die physische Beseitigung vieler Kranker geschah weitgehend unbemerkt, denn man hatte sie schon lange vorher aus den Herzen und Köpfen verdrängt. Dies war der erste Schritt des Mordens, die geistige Isolierung.

Nach dem Untergang des Nazi-Regimes waren die Opfer der Psychiatrie Opfer zweiter Klasse. Rassisch und politisch Verfolgte wurden anerkannt, nicht aber „Geisteskranke", die ermordet oder sterilisiert worden waren. Im Rahmen der Wiedergutmachung wurde ihnen nicht ein Pfennig gezahlt. Die innere Abwehr gegenüber Schwachen, die Verachtung von Hilflosigkeit, dies sind die alltäglichen Formen des Faschismus, die geblieben sind. Die Psychiatrieverbrechen wurden von Richtern, Ärzten und Angehörigen tabuisiert. Das „Gesetz zur Verhütung erbkranken Nachwuchses" wurde im Gegensatz zu anderen Gesetzen von den Alliierten nicht verboten. Akten enthielten nach wie vor die Notiz „erbkrank". Die Nachkriegsgesellschaft war aufs Ganze gesehen fleißig, sich anpassend, auch gelehrig demokratisch, aber kaum nachdenklich, solidarisch oder gar liebevoll.

In den psychiatrischen Krankenhäusern herrschte zunächst Mangel an Pflegepersonal und Ärzten, an Nahrung, Kleidung und Heizung. Die Versorgungs- und Betreuungsstrukturen waren weitgehend zusammengebrochen. Die Psychiatrie nach 1945 weist sowohl Aspekte der Kontinuität als auch der Neuorientierung auf. Ein Großteil blieb Verwahranstalt. Die Patienten saßen oder standen stumpfsinnig herum, gingen vielleicht in einem ummauerten Hof Runde für Runde.

Als Neuerung wurden Elektroschock- und Insulinbehandlung eingeführt. Sie galten als aktives Eingreifen in den bis dahin schicksalhaft und unbeeinflussbar verstandenen Krankheitsprozess, waren jedoch weder theoretisch noch statistisch begründet. Die Nebenwirkungen waren Verwirrtheit und Gedächtnisstörungen. Der Wille der Patienten wurde übergangen. Auch die Leukotomie, Gehirnoperationen, wurde trotz starker Persönlichkeitsstörungen als Folge verbreitet durchgeführt. In den 50er Jahren begann die Entwicklung von Psychopharmaka, Megaphen war das erste. Die Folgen waren weitreichend: In unruhige Abteilungen kehrte Ruhe ein, mechanische Fixierung wurde weitgehend überflüssig, die Aufenthaltsdauer wurde verkürzt, es gab mehr ambulante Behandlung.

Die Grundlage für psycho- und sozialtherapeutische Maßnahmen war gegeben. Auch das Wissen um die außerordentliche Bedeutung einer funktionierenden Beziehung zwischen Individuum und Gesellschaft war Grundlage für die Entstehung von psychotherapeutischen Fachabteilungen. Die neu entwickelte Beschäftigungstherapie beinhaltet schöpferisches Gestalten und Improvisieren, eine neue

Beziehung zur Umwelt soll hergestellt werden. Ziel ist weniger eine Resozialisierung als eine Re-Individualisierung. Durch die Verbesserung der Ausbildung von Pflegekräften waren in den 60er Jahren Reformen in der Psychiatrie möglich, denn sie, die PflegerInnen standen im alltäglichen, direkten Kontakt zu den Patienten. Ihr Umgang bewegte sich zwischen Fürsorge und rigider Anstaltsroutine.

In den 70er Jahren zählten zu den wichtigsten Forderungen der Psychiatriekritiker der Wechsel von der Bewahr- zur therapeutisch-rehabilitativen Psychiatrie, die Umstrukturierung der stationären Langzeittherapie und die Aufhebung der rechtlich-sozialen Benachteiligung der psychisch Kranken. Auf Initiative der Bundesregierung entstand die Enquête „Zur Lage der Psychiatrie". Sie wiederum war Voraussetzung für entscheidende Reformen: Dazu gehört das Prinzip der offenen Tür; die Rückkehr der psychisch Kranken in die Gesellschaft sollte vorbereitet, gesichert und gestützt werden. Zu den neuen Maßnahmen gehörten der Aufenthalt in Tages- und Nachtkliniken, gruppentherapeutische Sitzungen, Unterhaltungstherapie mit Film, Theater, Konzerten und Ferienfreizeiten für Langzeitpatienten. Psychisches Leid wurde nicht länger als individuelles, sondern gesellschaftliches Problem begriffen. Das Verhältnis der Psychiatrie zur Gesellschaft sollte sich ändern, denn nicht nur die Patienten, auch die Ärzte und Pfleger hatten einen schlechten Ruf in ihren Berufsgruppen. Positive Einstellungsänderungen in der Öffentlichkeit wurden besonders dadurch erreicht, dass direkte Kontakte mit psychisch Kranken hergestellt wurden. Bei den Betroffenen wiederum wurden positive Veränderungen ausgelöst, wie z.B. eine bessere Körperpflege.

Erst in den 80er Jahren konnten Zwangssterilisierte eine einmalige Beihilfe von 5000 DM beantragen. Die Opfer von „Euthanasie" und Sterilisation waren darüber hinaus in der Lage, Leistungen auf Grundlage des Allgemeinen Kriegsopfergesetzes (AKG) zu beantragen. Die Bearbeitung führte aber oft zur Ablehnung. 1998 hat sich der Deutsche Bundestag dazu entschlossen, pauschal zumindest die Unrechtsurteile der Erbgesundheitsgerichte aufzuheben.

Im September 2014 erhielten psychisch kranke Opfer des Nazi-Regimes die gleiche finanzielle Entschädigung wie andere wegen ihrer Abstammung oder wegen ihrer politischen Auffassung Verfolgte. Eine gesetzliche Gleichstellung gibt es immer noch nicht.

An dieser Stelle sei Ralf Schulz gewürdigt, der 1993 mit 33 Jahren starb. Er war vollgepumpt mit Psychopharmaka; therapeutische Maßnahmen, etwa den Kontakt zu seinen Eltern abzubrechen, trafen ihn so, dass er keine Therapeut/Patient-Beziehung mehr wollte. In der Arbeitstherapie, an der er in den letzten Jahren seines Lebens teilnahm, war er gut. Sein Leben und sein Tod sind ein Beispiel für misslungene psychiatrische Behandlung in der jüngeren Vergangenheit. Die Betonung der medikamentösen Behandlung und die Fehleinschätzung, dass die Eltern an einer psychischen Erkrankung Schuld sind, werden dem Patienten nicht gerecht.

Eine weitere Geschichte des Scheiterns sei erwähnt: für die Tiergartenstraße 4 in Berlin, dem Verwaltungsort der „Euthanasie" gab es vom Bund der Psychiatrie-Erfahrenen eine Initiative für ein 'Haus des Eigensinns'. Die „Prinzhorn-Sammlung",gestohlene Bilder von Psychiatrieerfahrenen, diesen Schwächsten aller schwachen Künstler, sollte dort ausgestellt werden. Daraus wurde aber nichts. Anfang September 2014 wurde ein Denkmal für 'Euthanasie'-Opfer eingeweiht: eine hellblau getönte drei Meter hohe und dreißig Meter lange Glaswand.

„Inklusion" ist das Thema der Gegenwart und der Zukunft, ein Ziel, das durch einen umfassenden Prozess angestrebt wird.

168

Inklusion bedeutet das Aufgehobensein in der Gesellschaft, das selbstverständliche Miteinander von Behinderten und Nicht-Behinderten in der Öffentlichkeit, in den verschiedenen Bereichen des Lebens. Um das zu verwirklichen sind viele kleine Schritte zu gehen. Auch jede/r einzelne ist angesprochen, wenn es um den Prozess der Inklusion geht, unter anderem folgende Fragen stellen sich:

Welche Vorstellungen von Inklusion habe ich persönlich? Kann ich mit Hilfe von Ärzten, Therapeuten, Beratern, Freunden und Verwandten diese Vorstellungen verwirklichen?

2014

Engelbracht, Gerda
VON DER NERVENKLINIK ZUM
ZENTRALKRANKENHAUS BREMEN-OST
Bremer Psychiatriegeschichte 1945-1977
Edition Temmen

Tischer, Achim (Hg.)
BRAUCHEN WIR EIN MAHNMAL?
Zur Erinnerung an die Psychiatrie
im Nationalsozialismus in Bremen-Ost
Edition Temmen
ISBN 3-86108-648-4

Trautmann, M., Daldrup, C., Marliani-Eyll, V. (Hg.)
ENDLICH HAT EINER DEN MUT ZU SPRECHEN:
Clemens August von Galen
und die Predigten vom Sommer 1941
Dialogverlag Münster
ISBN 978-3-941462-74-8

Lebt mit uns!

'Bethel' heißt 'Haus Gottes'. Vor 150 Jahren, im Jahr 1867, wurde es gegründet. Highlight des Jubiläums ist die Ausstellung 'Wir sind viele' mit Fotos von 50 Menschen aus Bethel, die der Fotograf Jim Rakete schuf. Bethel ist heute eines der größten diakonischen Unternehmen Europas mit 260 Einrichtungen in der Hälfte aller Bundesländer. Epilepsie, Behindertenhilfe, Psychiatrie, Jugendhilfe, Wohnungslosenhilfe und Altenhilfe sowie die Unterstützung von Flüchtlingen gehören zu den Arbeitsfeldern. Mehr als 230.000 Menschen werden von rund 16.500 Mitarbeitenden betreut und gefördert.

Die von Bodelschwinghschen Stiftungen erhielten ihren Namen von Friedrich von Bodelschwingh, der fünf Jahre nach der Gründung die Leitung übernahm. Mit der wachsenden Industrialisierung gab es keinen Platz mehr für Menschen, die mit Einschränkungen leben müssen. Bodelschwingh war von der Frömmigkeit der christlichen Erweckungsbewegung geprägt. Sein Motto lautete: „Neue große Nöte erfordern neue mutige Gedanken." Um seine Vorstellungen zu realisieren, betätigte er sich als 'genialer Bettler'. Als er nach 38 Jahren engagierter Arbeit die Leitung der Anstalt abgab, war die Anzahl der Betreuten von 150 auf eine Dorfgemeinschaft mit 4000 Einwohnern angewachsen. Durch die Verknüpfung mit dem Diakonissenhaus und der Diakonanstalt war sichergestellt, dass genügend christliche Helfer für die bedürftigen Menschen da waren.

Unter der Naziherrschaft vertrat die Leitung der Anstalt eine konservative Meinung, welche von einer untrennbaren Verbindung von Recht und Staat ausging. Angesichts mangelnder Belege lässt sich der weitgehende Vorwurf, dass man sich an den Euthanasiemorden beteiligte, jedoch leider nicht aus der Welt schaffen. Jedenfalls wurde die Einstufung von behinderten Menschen nach den sogenannten Meldebögen verweigert, weil es nach geltendem Strafrecht als Beihilfe zum Mord gewertet wurde. Es gibt Anhaltspunkte, dass Bethel den Kardinal Graf von Galen, der sich gegen die Vernichtung von Behinderten einsetzte, unterstützte. Zwangssterilisationen wurden dagegen mit großer Sicherheit und mit einer entschiedenen Überzeugung durchgeführt. Schizophrenie galt als erblich und sollte so bekämpft werden.

Es gibt in der Geschichte von Bethel ein Vor und ein Nach 1970. Aus der Bewahranstalt sollte eine moderne Therapieeinrichtung werden. Dafür wurde eine externe Unternehmensberatung engagiert. Außerdem wandte sich die Leitung von Bethel nach außen, indem sie sich an der Psychiatrie-Enquête beteiligte. Ziel war eine Reintegration der Patienten in die Gesellschaft durch eine therapeutische Gemeinschaft und eine ausdifferenzierte und fein abgestufte Rehabilitationskette. Die Änderungen wurden durch einen Stationsarzt, einen Diakon, den zahlreichen 'Ersatzdienstleistenden' und den Patienten selbst z.B. durch die Zeitung 'Der Drücker' und die Schaffung eines Patientenclubs erreicht. Sie fanden ihre Grenzen in der Finanzierung und den Bedenken von Mitarbeitern, welche in einer christlich-traditionellen Mentalität tief verankert waren.

In Bethel wird das Recht auf Inklusion verwirklicht: „Gemeinschaft verwirklichen". Heute können junge und alte Menschen, Gesunde und Kranke ebenso wie Menschen mit Behinderung und ohne zusammen leben. Individuelle Bedarfe und Nöte werden berücksichtigt. Im Rahmen der Inklusion wurde Bethel regional, d.h. die vielfältigen Angebote sind dezentral in den jeweiligen Kommunen und Kreisen. Inklusion wird in Bethel jedoch nicht mit Ambulantionierung gleich gesetzt. – Auch das Team von Radio Antenne Bethel ist inklusiv, es besteht aus ca. 40

Ehrenamtlichen. Bei der Briefmarkenstelle Bethel, im Jahr 1888 gegründet, sortieren 125 Menschen mit Behinderung jedes Jahr Millionen von Briefmarken und bereiten sie für den Verkauf an Sammler vor. Die 'Brockensammlung' entstand ebenfalls bereits im 19. Jahrhundert. Sie ist heute ein inklusives Recyclingunternehmen für Kleidung und Hausrat.

Für die über 2000 psychiatrischen Patienten gilt: Um eine erfolgreiche Behandlung sicher zu stellen, werden sie so weit wie möglich in die Therapieplanung einbezogen. In Berlin gibt es seit 2007 die Friedrich von Bodelschwingh-Klinik. Bei einer internen Patientenbefragung schätzten ca. 86 Prozent der Patienten mit einer schweren oder sehr schweren Erkrankung den Therapieerfolg als gut und besser ein.

Bethel nimmt heutzutage teil am gesellschaftlichen Diskurs zu Ethikfragen, etwa bei der Sterbehilfe oder der Pränataldiagnostik: Das unbedingte Lebensrecht, die Unveräußerlichkeit der Würde sowie die Unantastbarkeit des menschlichen Lebens und seiner genetischen Ausstattung müssen unbedingte Geltung behalten. Die Unvollkommenheit des Menschen ist demnach nicht ein zu bedauerndes Schicksal, sondern für seine Menschlichkeit konstitutiv.

Ulrich Pohl, derzeitiger Vorstandsvorsitzender von Bethel, plädiert für ein allgemeines soziales Jahr. Alle Schulabgänger sollten demnach ein Jahr lang in sozialen, kulturellen oder ökologischen Einrichtungen arbeiten. Bei CDU und SPD findet der Vorschlag jedoch keine Zustimmung.
Im 'Boten von Bethel', dem Danksagungs- und Werbeheft für Spender, wird der Neubau des Kinderzentrums Bethel als Jubiläumsprojekt vorgestellt. Dort soll kleinen Patienten sowie Jugendlichen die beste medizinische Versorgung garantiert werden. Es soll familienfreundlich gestaltet werden mit Platz zum Spielen und mit geräumigen Zimmern, in denen Eltern auch über Nacht bei ihren Kindern bleiben können.

Bethel macht sich einerseits stark für die Schwachen der Gesellschaft und zeigt sich andererseits bedürftig und dankbar gegenüber zahlungskräftigen Menschen.

2017

Quellen (teilweise ohne Kennzeichnung zitiert):
– Bethels Mission (4) Beiträge von der Zeit des Nationalsozialismus bis zur Psychiatriereform
– Gemeinschaft verwirklichen
– menschlich.Bethel
– Jahresbericht 2015/2016
– UK Unsere Kirche evangelische Wochenzeitung
– bethel-inklusiv.de, bethel-historisch.de, bethel-regional.de, bethel.de

DAS WEDDINGER MODELL

Ein vorbildliches Beispiel
für stationäre psychiatrische Behandlung

Von 2009 bis 2010 wurde es geplant und durch Schulungen vorbereitet. Seit Ende 2010 wird in der Psychiatrischen Universitätsklinik der Charité im ganzen St.Hedwig-Krankenhaus in Berlin danach gearbeitet. Auswertungen und Fortbildungen gehören dazu. Das Buch aus dem Psychiatrie-Verlag, das diesen Prozess beschreibt, bewegt sich auf hohem wissenschaftlichen Niveau.

Das Weddinger Modell ist primär aus der Praxiserfahrung entstanden. Neu ist, Diagnose und Therapie ganz individuell zu sehen. Der offene Umgang mit Patientinnen soll eine effektivere medizinische Versorgung ohne großen Mehraufwand bringen. Dabei werden vorhandene Stations- und Personalstrukturen hinsichtlich Transparenz, aktiven Einbezug der Patientinnen und ihrer Bezugspersonen sowie multiprofessioneller Behandlerteams konsequent verändert.
Von Anfang bis Ende der Therapie ist das Prinzip des Trialogs wichtig, welcher eine Verbesserung der Zusammenarbeit und der Zufriedenheit bei Professionellen, Patienten und deren Bezugspersonen vorsieht. Dieser bedeutet eine deutliche Verminderung von Konflikten und stützt die Patienten von Beginn an in ihren Lebenswelten. Zentrales Anliegen des Modells ist die multiprofessionelle Zusammenarbeit in allen Behandlungsphasen. Es werden multiprofessionelle Bezugstherapeutenteams gebildet. Dabei wird auf eine Behandlerkontinuität in den verschiedenen Zusammenhängen Station, Tagesklinik und Ambulanz Wert gelegt.
Eine 'Arztkonzentrierung' etwa bezüglich Therapiegestaltung, Visitengesprächsführung und Ansprechbarkeit wird zugunsten einer personenorientierten Multiprofessionalität verändert, was zum Abbau klassischer Stationshierarchien

führt. Dabei müssen Ärzte lernen, Verantwortung abzugeben und die anderen Therapeuten und Betreuer dementsprechend Verantwortung zu übernehmen. Bei den Visiten gilt, dass ein Austausch des ganzen Bezugstherapeutenteams mit dem Patienten und seinen Bezugspersonen stattfindet.

Theoretische Konzepte, auf die das Weddinger Modell zurückgreift, sind beispielsweise ,Recovery'. Dabei lernt die Patientin einerseits die aktuelle Krise zu bewältigen und weiterhin Kräfte zu nutzen und zu entwickeln, um schwierige psychische Lebenssituationen ohne Beeinträchtigung zu überstehen. Bei ,Empowerment' spielen Lebensgestaltung, Lebensqualität und Hoffnung eine große Rolle. Das ,Salutogenetische Prinzip' (Gesundheitsentstehung – Komplementärbegriff zu Pathogenese) zielt darauf aus, dass die betroffenen Menschen ein Gefühl für Verstehbarkeit, Handhabbarkeit und Sinnhaftigkeit bezüglich ihrer Erkrankung bekommen.

Das Weddinger Modell bringt eine umfassende Veränderung der Therapiegestaltung dahingehend, dass die Therapieangebote nach den Zielen und Wünschen der Patientinnen sowie deren Ressourcen und eigenen Strategien ausgerichtet werden. Unmittelbar nach der Aufnahme erfolgt die Therapieplanung mit den Patienten und, wenn gewünscht, deren Bezugspersonen (ca. 15 Minuten lang). Ein Abklingen der Akutsymptomatik ist dabei nicht Voraussetzung, einzig natürlich die Bereitschaft der Patientinnen. Sprachlich auf sie einzugehen, und ihnen mit Interesse und Offenheit zu begegnen, ist wichtiger als der Umfang und die Dichte der Therapieplanung. Kurz-, mittel- und langfristige Aspekte der Therapie werden berücksichtigt. Das gilt für die aufnahmenahe Therapieplanung. Zu der entlassungsnahen Therapieplanung gehört die gemeinsame Evaluation der Behandlung; dabei wird resümiert, was als hilfreich, was als hinderlich in der Behandlung erlebt wurde und welche Schlüsse sich daraus perspektivisch ergeben. Die Therapiebesprechung dient ausschließlich der Überprüfung der Behandlung und administrativen Dokumentationsverpflichtungen. Wichtige Entscheidungen bezüglich des Patienten, der Behandlung und ihrer Ziele werden dort nicht getroffen. Die ganze Behandlung, von der Aufnahme an, wird als Entlassungsvorbereitung gesehen. Zum Entlassungsbrief gehören immer ein ärztlicher, ein psychologischer und ein sozialarbeiterischer Teil. Er wird mit der Patientin besprochen. Hat sie unterschiedliche Auffassungen, werden diese in dem Abschnitt „Therapie und Verlauf" aufgeführt. Die stationäre Behandlung wird mit dem Leben außerhalb der Klinik eng verbunden. Das Weddinger Modell ist in eine integrierte Versorgung eingebettet.

Verschiedene Abteilungen einer Klinik, vollstationäre, tagesklinische sowie Institutsambulanzen, aber auch Stationen mit verschiedenen Behandlungsschwerpunkten wie Sucht-, Akut-, Allgemein- oder Gerontopsychiatrische, können durch das Weddinger Modell verändert werden.
Für die Patienten deutlich spürbar ist, dass Entscheidungsprozesse, auch in Bezug auf Zwangsmaßnahmen, so partizipativ und transparent wie möglich gestaltet werden. Seit Einführung des Weddinger Modells konnten Vorkommen und Dauer der Unterbringungen sowie Zwangsmaßnahmen insgesamt reduziert werden. Dies wurde auch erreicht durch die feste Verankerung von trialogischen Krisenplänen und Behandlungsvereinbarungen. Es gibt sie in kurzer Version für den stationären Aufenthalt und in langer Version für das Leben außerhalb der Klinik.
Das Weddinger Modell ist in seiner Grundhaltung für alle Patientengruppen gedacht. Es wird von der Einsicht ausgegangen, dass Psychotherapie bei allen Diagnosen und in jeder Krankheitsphase möglich ist. Eine vertrauensvolle, anerkennende und selbstwertschützende Beziehung hilft immer. Medikamente können eine Therapie ermöglichen. Sie sind Hilfe zur Selbsthilfe. Ihre Einnahme ist nicht

Behandlungsziel, sondern ein Mittel, die gesteckten Ziele zu erreichen.

M.E. wendet das Weddinger Modell die Behinderten-rechtskonvention (BRK) in der Psychiatrie an und definiert in diesem Rahmen Inklusion neu. Es scheint mir sinnvoll, in der psychosozialen Arbeitsgemeinschaft, in die ich als KIB*-Vertreterin berufen wurde, diese zusammenfassende Beschreibung des Themas und folgende Fragen einzubringen: Wird es in Münster in Zukunft eine Variante des Modells aus dem Berliner Stadtteil geben? Welche Schritte sind nötig, um ein solches Projekt umzusetzen?

2018

L.Mahler, I.Jarchov-Jàdi,
Montag, J. Gallinat
DAS WEDDINGER MODELL
Resilienz- und Ressourcenorientierung
im klinischen Kontext
Psychiatrie-Verlag
ISBN-Print: 978-3-88414-555-5
ISBN-PDF: 978-3-88414-791-7

*Kommission zur Förderung der Inklusion von Menschen mit Behinderung

Nach dem Überleben

Vor mir liegt das Buch LEBEN NACH DEM ÜBERLEBEN, 2016 herausgeben von der Fotografin Helena Schätzle. Der Umgang mit durch den Holocaust entstandenen seelischen Wunden wird dokumentiert. Es enthält einen Bildteil, zu dem Aussagen der Überlebenden gehören, Lebensläufe mit Fotos aus der Kindheit, einen Essay, ein Interview sowie ein Grußwort des Bundespräsidenten. Alle Texte sind in deutscher, englischer und hebräischer Sprache gedruckt. Vergangenheit und Gegenwart begegnen sich. Es ist der gelungene Versuch, etwas Unermessliches zu fassen. Die Beiträge berühren mich. Ich bin oft geschockt und manchmal beruhigt, möchte mich solidarisieren.

> Die anderen Überlebenden wollten wissen,
> ob ich zu ihnen gehöre.
> Und sie sagten: „amcha"
> und ich sagte: „amcha".
> Und wir haben uns erkannt.
> „amcha" bedeutet,
> du bist von meinem Volk. *S.112*

Seit 1987 unterstützt die Organisation AMCHA Überlebende des Holocaust und ihre Familien in Israel darin, mit ihren Traumata zu leben. Sie leistet Hilfe zu Selbsthilfe. Wichtig ist das Zusammenkommen Gleichgesinnter. Die Menschen können ein Gefühl der Zugehörigkeit entwickeln. Die Gründer waren Überlebende, „die selbst Psychologen waren und erkannten, dass ihre Leidensgenossen falsch behandelt wurden, etwa wenn sie wegen Schizophrenie eingewiesen wurden." *S.365*
„Den Glauben an die Menschlichkeit, an zwischenmenschliche Nähe und Vertrauen wieder herzustellen, ist eine der größten Herausforderungen für die Arbeit mit den Überlebenden." *S.366*

Dies geschieht in psychoanalytisch ausgerichteten Gruppen- und Einzelgesprächen, in denen das Schweigen zu einem schmerzhaften Thema als Bewältigungsmethode akzeptiert wird. Auch Kunst, Bewegung oder Musik sowie soziale Aktivitäten helfen, mit Angst umzugehen.

Zu den intergenerationellen Programmen gehört ein Projekt, „in dem sich elternlose Kinder und Kinderüberlebende auf die Bar oder Bat Mizvah vorbereiten" *S.369*, auf den Tag also, an dem die Religionsmündigkeit eintritt, ein im Leben einer Jüdin oder eines Juden wichtiges Ereignis.

Die durch den Holocaust hervorgerufenen Traumata der Opfer werden an die nachfolgenden Generationen weitergegeben. Dies „geschieht sowohl zwischenmenschlich, im sozialen Miteinander, als auch epigenetisch, also biologisch, was neuere Studien immer wieder belegen." *S.370* Auch die Kinder und Enkelkinder der Überlebenden kommen zu AMCHA, weil sie eine Therapie brauchen. Doch das Grauen hat auch andere Folgen. Jehuda Bacon formuliert es so: „Alles was man erfährt, sollte man als eine Aufgabe sehen. Auch grausame Erlebnisse können einen Sinn haben, wenn sie uns verändern und vertiefen. Wenn wir ein besseres Verständnis gewinnen von uns und den anderen. Und das tiefste Verständnis besteht darin, dass wir erkennen, dass der andere grundsätzlich ist, wie ich selbst." *S.371* Etliche Betroffene konnten jahrzehntelang nur mit anderen Betroffenen über ihre Leiderfahrung sprechen.

Die Lebensläufe der ersten Generation enthalten alle die Erfahrungen des Holocaust als Kind oder Jugendliche, die Ankunft in Israel und ein neues Leben dort. Sie litten unter Krankheit, Zwangsarbeit, Deportation, Selektion zwecks Ermordung im Wald. Sie überlebten unter Partisanen, im Internierungslager im Rahmen der ‚Germanisierung', im Ghetto, im KZ, wo sie mit dem Tod der Mitgefangenen konfrontiert wurden. Hinzu kam der Verlust von einer großen Anzahl von Verwandten. Und bei der Befreiung vertrugen einige von ihnen nicht das Essen, nachdem sie so sehr gehungert hatten.

„Das Ende des Krieges war für viele der Überlebenden eine Befreiung von physischer Qual, Verfolgung, Ausbeutung, Gewalt und Terror. Die Befreiung aber führte nicht zu einem Leben frei von Ausgrenzung und Leid. Sie war eine Rettung vor dem Tod, aber keine Befreiung für das weitere Leben." *S. 363* „...die Überlebensstrategien und der Umgang mit dem Erlebten sind so vielfältig wie die Menschen selbst." *S. 365* Sie wurden in Israel getröstet und gestärkt. Sie konnten dort Familien gründen, bekamen Kinder und Enkelkinder. Sie waren berufstätig als Akademiker, Handwerker oder im Kibbuz. Trotzdem blieben die seelischen Wunden. Für einige wurde AMCHA ein zweites Zuhause. Manchmal gab es ein Wiedersehen mit verloren geglaubten Verwandten. Einige fanden die Kraft für eine Öffentlichkeitsarbeit, bei der sie, auch auf Reisen nach Deutschland, über ihre Erfahrungen sprachen, um gegen die Lügen von Antisemitismus und Faschismus zu wirken.

Es ist ein schönes, erbauliches Buch über ein schweres, bedrückendes Thema. Alle Beteiligten haben sich viel Zeit genommen, damit Vertrauen sich bilden konnte. Trotzdem stellt sich die Frage: „Wie können Menschen, die so viel Hass erfahren haben, so viel Liebe geben?" *S. 349* Das finde ich vorbildlich! Ich möchte die Augen öffnen und aufmerksam sein, um Antisemitismus und Faschismus politisch und persönlich zu widerstehen. Position zu beziehen, mich auseinanderzusetzen, anstatt gleichgültig dahinzuleben, ist mir wichtig geworden.

2019

Helena Schätzle
LEBEN NACH DEM ÜBERLEBEN
Nimbus. Kunst und Bücher

MUTMACHTEXTE

religiös

Glaube – Kirche – Leben mit der Krankheit

Mit meiner Momentaufnahme zu diesen drei Stichworten möchte ich etwas Positives in meinem Leben festhalten.
Ich bin seit 21 Jahren mit der Krankheit Psychose beschäftigt. Sie ist auch das Resultat eines misslungenen Weges zu den Müttern. Dabei hasste ich Männer, wollte nur mit Frauen etwas zu tun haben und machte das Patriarchat für alles Schlechte verantwortlich. Ich interessierte mich für Astrologie, Tarotkarten, I Ging, fernöstliche Philosophie, ohne jedoch wirklich davon gerührt zu sein, geschweige denn, einen Glauben entwickeln zu können. „Ohne einen Bezug zur Transzendenz geht der Mensch kaputt.", sagte ein Psychiater zu mir, und genau das traf auf mich zu.

Aus der katholischen Kirche war ich wegen der Steuer ausgetreten. Das ist ein Grund, der zum Tragen kommt, wenn einen nichts Inhaltliches mehr mit der christlichen Institution verbindet. Als Kind war ich auf ängstliche Art und Weise gläubig, und in einem auch in der Erinnerung sehr bedeutsamen Ritual drückte ich mein Empfinden darüber aus, dass der Wille des göttlichen Vaters durchaus im Widerspruch zu dem Willen meines leiblichen Vaters stehen könne. Diese Spannung zwischen dem Gebot der Liebe, so wie es Jesus vorgelebt hat, und den gängigen Normen ist mir auch jetzt noch oft bewusst.

Um es vorweg zu nehmen: Jetzt denke ich, dass das Christentum das Beste am Patriarchat ist.
Ohne die Kirche hätte ich keinen Neuzugang zur christlichen Lehre gefunden. Im Rahmen einer Berufsfindungsmaßnahme, an der ich in einem evangelischen Haus teilnahm, hörte ich von der Gnade Gottes und dass es eben eine Froh- und keine Drohbotschaft ist, die uns mit der Bibel überliefert ist. In die evangelische Kirche, die ich als Teil der einen christlichen Kirche verstehe, trat ich ein und wurde Protestantin, weil

ich mich so am besten entwickeln kann. Dabei finde ich im morgendlichen Bedenken einer Bibelstelle eine Hilfe für jeden Tag, sonntags feiere ich aus freien Stücken meistens den Gottesdienst mit, weil es die Form von Feiern ist, die ich am besten kann und bei der ich durch die Musik, den Raum, die Liturgie, die Predigt und das Abendmahl entspannen, in Stimmung kommen und Kraft schöpfen kann. Alle paar Wochen nehme ich an einem Hausbibelkreis teil, und einige Male habe ich schon einen einwöchigen Urlaub in einem kirchlichen Haus verbracht. In der Gemeinde, in der ich jetzt seit sieben Jahren lebe, habe ich vieles ausprobiert. Am Anfang habe ich mich auch ziemlich offensiv als psychisch Kranke vorgestellt. Das würde ich jetzt nicht mehr machen, aber damals habe ich das gebraucht.

Wie bei anderen Krankheiten auch, hilft der Glaube, mit der Psychose zu leben und vielleicht auch, sie zu überwinden.

2000

Religion – (k)ein Thema

Unter dieser Überschrift wurde in einer evangelischen Wochenzeitschrift im August 2001 ein kleiner Artikel veröffentlicht, der von einer deutsch-polnischen Tagung in Bethel berichtete, bei der Psychiatrieerfahrene darauf aufmerksam machten, dass PsychiaterInnen und PsychotherapeutInnen oft nicht in der Lage sind, auf religiöse Inhalte von Psychosen einzugehen.

Ich möchte hinzufügen, dass außerdem PfarrerInnen wenig integriertes Wissen über psychische Krankheiten haben.

Wenn Du dich in dieser Hinsicht verlassen und nicht verstanden fühlst, so liegt das also keineswegs an dir, sondern an der allgemeinen Situation. Unser Anliegen, in Hinsicht auf religiöses Denken und Fühlen Verständnis zu finden, ist durchaus berechtigt und wert, in entsprechenden Zusammenhängen geäußert zu werden!

2001

Ein halbes Jahr – ein ganzes Buch

Im Frühjahr dieses Jahres zog ich sozusagen Bilanz und musste feststellen, dass mich meine Arbeit als Sachbearbeiterin stark fordert und erschöpft. Meine Situation sah ich vor dem Hintergrund, dass ich zwar ein Psychologiestudium absolviert hatte, aber durch die Beschäftigung mit belastenden Themen, andauerndem Drogenkonsum und einer schwierigen Disposition richtig verrückt, durch und durch psychotisch, geworden war. Jetzt, in einem Alter, in dem ich auf die fünfzig zugehe, musste ich realisieren, dass keine Spontanheilung erfolgt war, ich nach wie vor Medikamente nehmen muss.

Da lernte ich das Buch von Hans Müller-Eckhard, einem Neurologen, Psychiater, Theologen und Schriftsteller, mit dem Titel DIE KRANKHEIT, NICHT KRANK SEIN ZU KÖNNEN kennen. Schon bei den ersten Seiten merkte ich, dass es mich sehr persönlich traf und für mich wichtig werden könnte, weil es meine Situation, aber auch Gedankengänge, die ich während des Studiums entwickelt hatte, aufgriff. Das Buch stellt eine radikale Kritik an den Wissenschaften, besonders der Medizin, vom Standpunkt des Christentums dar. Unter der Voraussetzung, zwar nicht wissenschaftlich oder akademisch zu arbeiten, jedoch als Christin ein volles vielseitiges Leben führen zu können, bei dem ich nicht nur aufs Funktionieren getrimmt bin, sondern mich als Mensch entfalten kann, setzte ich mich mit den verschiedenen Thesen auseinander, von denen ich drei kurz schildern will. Der Autor kündigt selber an, dass die Lektüre seiner Ausführungen den Leser verändern werde.

1.) Krankheit, auch die schlimmste, die Psychose, bei der das Individuum als solches gefährdet ist, ist ein Asyl, ein psychischer Raum, in dem Reifung geschieht. Die Symptomfreiheit, die von der Medizin angestrebt wird, ist noch lange kein Heil-Sein. Nicht die Tabuisierung von psychischer Behinderung ist angesagt, sondern ihre Akzeptanz und Integration.

2.) Eigenes Verhalten kann selbstschädigend sein. Es gibt jedoch auch viel unschuldiges und unverschuldetes Leiden. Der Autor unterscheidet zwischen einer moralischen Schuld und der Seins-Schuld. Bei dieser wird sozusagen das Leben selber verraten und vernichtet. Das Examen des Lebens, zu sich selbst zu finden, wird bei der Krankheit, nicht krank sein zu können, wenn der Mensch nur noch funktioniert, verfehlt. Der Autor spricht von leidloser Heillosigkeit.

3.) Der Sinn aller Krankheit besteht darin, zu Gott zu finden. Dabei ist die Auferstehung Christi kein Sachverhalt, sondern die Perspektive für ein Leben im Vertrauen auf Gott.

Jetzt ist Herbst. Ich habe mich auf die Theorie dieses Autors eingelassen, mich bemüht, seine Gedanken nachzuvollziehen und die geschilderten Zusammenhänge zu begreifen. Das hat mir für einige Augenblicke Ruhe und Sicherheit gegeben, mich ganz tief in eine geistige Heimat hineinzuversetzen, die auch für jemand anderen gilt. Immerhin war ich fast zwei Jahre lang in einem ganz persönlichen Wahnsystem ziemlich alleine, einsam und haltlos.

Meine konkrete Schlussfolgerung für den Umgang mit meinem Kranksein: Die Behandlung mit chemischen Medikamenten, die inzwischen auch entwickelt wurden, eröffnet Lebensmöglichkeiten außerhalb eines Krankenhauses einerseits, jedoch auch mit sozialen Einbußen andererseits. Die Gabe von Psychopharmaka bleibt jedoch tragisch reduzierend, wenn ich nicht gleichzeitig das Angebot der Transzendenz, die Liebe Gottes, wahrnehme. Christsein heißt für mich vor allem, im Gebet ein Gegenüber gefunden zu haben.

Ich finde Trost in vielerlei Nöten. Das Beten ist wichtiger als das Arbeiten, denn nur durch das Gebet halte ich die Herausforderungen der Arbeitswelt aus. Das Leben im Vertrauen auf Gott ist für mich zu einem ganz festen Fundament geworden, auf dem ich meinen Lebensweg mit Psychoseerfahrung gehen kann.

2002

Was die Reformation mir bedeutet

1517 veröffentlichte Martin Luther seine protestantischen Thesen, in denen er sich gegen den Ablasshandel durch Papst Leo X wandte. Der Reformator behauptete, dass nur durch den Glauben und eben nicht durch Werke und Geldgaben und nur durch das Wahrnehmen der Heiligen Schrift und eben nicht durch den Gehorsam gegenüber kirchlichen Obrigkeiten der Mensch sein Heil findet. Papst und Reformator verteufelten sich gegenseitig. Die Reformation ist eine christliche Bewegung, durch die ein schwer zu durchschauendes Geflecht an kirchlichen Einrichtungen entstanden ist.

Als Christin zu leben bedeutet für mich, in einer evangelisch-lutherischen Gemeinde täglich, wöchentlich, jahrein, jahraus meine Existenz mit dem Wort Gottes zu verbinden und auf die Liebe Gottes zu vertrauen. Das kann ich als Frau genauso gut und genauso sehr wie ein männlicher Mensch. So wächst und vergeht und wächst immer wieder neu meine Liebe. Es ist die Liebe zu Gott, zu mir selber und meinen Nächsten. Ich habe meine geistige Heimat gefunden.

Heutzutage kann man als Christin evangelisch oder katholisch sein, beides gleichzeitig gibt es für Paare, aber nicht für Singles, es sei denn in verschiedenen Phasen in einem Leben. So ist es bei mir. Hineingeboren in eine katholische Familie, ging ich in eine Klosterschule mit Nonnen, die ich elitär, autoritär und dogmatisch fand. Später lehnte ich das gesamte Christentum ab. Das war ein Grund dafür, dass ich in eine umfassende Psychose geriet.

Dann habe ich mich für ein Leben mit der evangelischen Kirche entschieden, weil sie bodenständig, von unten nach oben, strukturiert ist und weil in ihr, wie bei Luther, ausdrücklich Ängste abgebaut, Mut und Kreativität aufgebaut werden.
Ich zitiere aus dem Pop-Oratorium „Luther":

„ich will selber denken, ich mit Gott allein,
ich will selber denken ohne Zwang,
ich will selber denken, um gewiss zu sein,
was gut und richtig ist."

Mein Lebensziel habe ich auf diesem Weg gefunden, aber noch lange nicht erreicht: Frei werden in Jesus Christus. Ich steuere es im Rahmen der evangelischen Kirche an.

Im Jahr 2017 nahm ich anlässlich des 500jährigen Jubiläums der Reformation an dem Gottesdienst in Münster „gemeinsam unterwegs" teil. Er begann in der katholischen Lamberti-kirche mit der Geschichte von den Emmaus-Jüngern, die auf ihrer Wanderung dem auferstandenen Jesus begegnen: Er schließt sich ihnen als Fremder an, erklärt ihnen seinen Tod im Zusammenhang mit den Schriften, bis sie ihn beim Brotbrechen erkennen. So nimmt die Nachricht von Christus, der von den Toten auferstanden ist, ihren Lauf.
Dann folgte eine Prozession mit brennenden Lichtern in den Händen zur abschließenden Feier in der evangelischen Apostelkirche.

So ist es heute: keine Reformation ohne Ökumene, keine Ökumene ohne Reformation. Das ist sicherlich nicht der ideale Rahmen, in dem Menschen nach Christus suchen und ihm folgen können. Aber meine Erfahrung zeigt mir, dass dieser Weg hilfreich ist und ein gutes Lebensgefühl gibt!

2017

... suche Frieden ...

im Mai beim Katholikentag in Münster

Ja, ich bin bereit. Ich möchte mich, mit meiner Kraft, anschließen und meinen christlichen Glauben bezeugen. Wie kann ich dabei, dazwischen sein?

Mein Abenteuer beginnt an Christi Himmelfahrt. Ich schaffe es zum Schlossplatz und finde meine Rolle: alleine und am Rande, als Zaungast. Ich begebe mich ins Boot auf dem Fluss.
Während der Eucharistiefeier fällt mir ein, dass ich vor Jahren einmal träumte, ein strenger Engel sage mir:"Schluss mit der Wahrheit!" Ich habe das nie verstanden. Hier und jetzt ahne ich: Friede ist nicht Behauptung, Friede ist Frucht der Liebe, eines körpernahen Gefühls. Ich finde heute, nicht Gedanken, Erkenntnisse, sondern die Beziehung zu Christus, das Gebet zu Ihm, der Weg und das Leben mit Ihm gelten. So kann ich persönlichen Frieden erspüren. Ich suche dabei Worte des Trostes, nicht der Lehre. Möge Gott mir Entschiedenheit und Disziplin schenken, um meinen Glauben, nicht mein Wissen wachsen zu lassen!

Ich sehe zwei bekannte Gesichter. Menschenströme ziehen vorbei. Polizei- und Sicherheitsaufgebot kontrolliert. Es fängt an zu regnen. Stress ist auch eine Bedrohung des Friedens – auf der Ebene des Einzelnen. Dort, bei Begegnungen und in der Gesellschaft findet der Frieden statt.

Die strahlende Monstranz im Blick, den Gesang im Ohr, den Geschmack der Hostie auf der Zunge, den Weihrauch in der Nase, das kühle Wasser auf der Haut, des Öfteren bekreuzige ich mich. Denn, Sein Erbarmen im Sinn, verstehe ich Frieden als Versöhnung. Bedeutet das Wort „Versöhnung" „Ergebnis meiner Beziehung zum Sohn Gottes"?

Ohne Jesus Christus könnte ich das Leben überhaupt nicht genießen. Durch ihn konnte ich Vertrauen entfalten. Mein Denken, zwar verhältnismäßig langsam und immer wieder fehlerhaft, doch vor allem zuversichtlich, nährt sich durch dieses Gefühl. Früher, bereits als Schulkind und auch später, lebte ich mit Angst und hielt mich durch Kopfleistungen, vor allem in Mathematik, über Wasser. Ein neues Leben hat für mich schon vor Jahren begonnen.

Freitag morgen stelle ich fest, dass ich Stress vermeiden möchte, aber bereit bin, mich anzustrengen beim 'Frieden machen', also dafür mehr Kraft, Geld und Zeit verwenden als für Streit und Kampf. Feine Unterschiede sind das. Ich weiß, dass in der Politik, verglichen mit den Kriegsgeldern, ein verschwindend kleiner Betrag für Frieden ausgegeben wird. Bei der barrierefreien Messe freue ich mich, die katholische Kirche neu kennenzulernen. Ich erfuhr sie, wie bereits angedeutet, in meiner Kindheit als angstmachend und verunsichernd. Jetzt empfinde ich sie als sinnlich, lebendig und festigend. Selbstverständlich bleibe ich in der evangelischen Kirche – wegen Demokratie, Frauen und persönlicher Begegnungen.

Beim inklusiven Kreuzweg „Seht den Menschen" machen wir eine kleine Prozession zum Thema Gewalt gegen Menschenleben in der NS-Zeit und singen meditativ:"Geh mit uns auf unserm Weg." Das Zeichenhafte berührt vergangenen und gegenwärtigen Schmerz, der durch Ungerechtigkeit entsteht.

Beim Abendlob des ökumenischen Stundengebetes in der Johanneskapelle erlebte ich eine wunderbare Liturgie, einmal zum Thema „Licht", einmal zum Thema „Sprache". Das war durch und durch befriedigend, weil es sowohl schlicht als auch feierlich war.

Am dritten Tag findet in den Messehallen die Veranstaltung von Dr. Lütz „Irre – wir behandeln die Falschen, unser Problem sind die Normalen" statt. Davor steht eine lange Schlange. Ich verteile neun KLINKEN 2018 beim Entlanggehen. Für mich war es ein Spießrutenlauf, also anstrengend, aber im Ergebnis auch erleichternd.

Zum Segnungsgottesdienst für Friedenssucher, von Kindern und Jugendlichen gestaltet, gehe ich mit einem KLINKE-Kollegen in die schöne Erpho-Kirche. Wir alle füllen dort jeder ein Zettelchen mit Wünschen für den Frieden Christi aus. Es fügt sich so, dass sein notierter Wunsch „Friede Christi für Deine Arbeit, für Dein Leben" bei mir ankommt. Frieden ist auch Vernetzung, eine mit Hilfe und Unterstützung.

Der Katholikentag endet für mich bei der meditativen Andacht, die ich jeweils am zweiten Samstag im Monat seit Jahren aufsuche. Wir sind zu zweit, und mein Glaubensbruder aus der Gemeinde hat anlässlich des großen Ereignisses *Mt. 5, 5* als Losung gewählt: "Selig sind die Sanftmütigen, denn sie werden das Erdreich besitzen." Beim Meditieren werde ich traurig und hoffnungsvoll zugleich. Frieden in der Welt muss gemacht werden. Das geht nur, wenn, mit Christi Hilfe oder anders, Frieden im einzelnen Menschen sich entfaltet und von ihm ausgeht. „Selig, die keine Gewalt anwenden, denn sie werden das Land erben."

2018

Vera Schnieder

Jahrgang 1953,
lebt seit 1992 in Münster
1972 bis 1980 Studium der Psychologie in Berlin
mit Abschluss Diplom
1978 erster Psychiatrieaufenthalt
1996 bis 2017 Bürokraft in einem Familienbetrieb

Schon als Kind schrieb sie manchmal. 1980 fertigte sie
eine Gedichtmappe an und kopierte sie 50 mal. Später
veröffentlichte sie in der Anthologie ,Schreiben und Lesen
in psychischen Krisen' und im Gemeindebrief der
evangelischen Christuskirche.

Von 1992 bis 2019 Mitarbeit in der Redaktion der KLINKE,
Jahreszeitschrift für Literatur und Psychiatrie in Münster
mit zahlreichen Veröffentlichungen. Teilnahme an mehreren
Lesungen besonders den ,Irrlichtern'.

Impressum

© Texte, Kacheln, Collagen Vera Schnieder
© Fotos Gerd Potthoff
Alle Rechte vorbehalten.
Kontakt: vschnieder@t-online.de

Auflage 2020 – 100 Exemplare

ISBN 9783751967440

Herstellung und Verlag: BoD- Books on Demand, Norderstedt

Inhaltsverzeichnis

GELEITWORT
 von Michael Winkelkötter 8

GEDICHTE
 Aufmerksamkeit pflegen 12
 Mitte Februar 2001 14
 Vino 15
 Das Leben ist schön 16
 Im Frühlig aufhorchen 18
 Ein gordischer Knoten 19
 Eine Psychose 20
 Pläne einer paranoid Schizophrenen 21
 Hilflos? 22
 Hetes Geschenk auf meinem Beet 24
 Gegensätze 25
 An der Prinzenbrücke 26
 Norderney Juli 2011 27
 Eine runde Sache 28
 Im Siebenten Himmel 30
 Nicht „warum" sondern „wie" 32
 Dement und verwirrt 34
 Zur Klarheit gelangen 35
 Endlich wieder schreiben ... 36
 Das eine Gebet 37
 Ein Aspekt 38
 Pilgerwanderung 40
 Pfingsten 41
 Fest(sonn)tag 42
 Weihnachten 43

NOTIZEN
... zu einem Interview   46
... zum Bekennen   48
... zum Scheitern   50
... zu Listen   52
... zum Schlucken   54
... zum Rauchen   56
... zum Schenken   58
... zur Langsamkeit   60
... zur heilsamen Ruhe   62
... zum Tod   64

MUTMACHTEXTE
persönlich
Frau mit drei Bällen   70
Stress mit Neonazis   71
Ein offener Wunsch   73
Alleinsein   74
Psychoseerfahren   76
Psychose als Jenseits   79
Mit der Krankheit umgehen   81
Achtung Trägerstoffe   86
Möglichst gesund bleiben   88
Negativ - negativ - positiv   91
Ein heißes Eisen   94
Hilfe durch die Anthroposophie   97
Ganz schön fertig   100
Vom Glück dankbar zu sein   102
Lächeln erwünscht   105
Über Gewohnheiten   107
Fastenzeit und Achtsamkeit   109
Meine Phase mit dem Integrationsfachdienst 111

	Seite
Meine Wohnung - ein Ruhepunkt	113
Panik	116
Am I alone with my smartphone?	118
Im botanischen Garten	120
Das Selbst und die Fremde	121
Zurück aus Island	123
Meine Erlebnisse auf Kreta	125
Alles für die KLINKE	128
Kommunikation mit der KLINKE	130
Warum ich gerne in der KIB bin	132

politisch

Inklusion - global - lokal	138
Inklusion	143
Politische Partizipation	146
Bündnis gegen Depression	149
Kinder psychisch kranker Eltern	152
Zum Thema Arbeit	155
Stigma psychische Krankheit	158
Zur Geschichte der Psychiatrie	163
Lebt mit uns!	171
Das Weddinger Modell	175
Nach dem Überleben	179

religiös

Glaube - Kirche - Leben mit der Krankheit	184
Religion - (k)ein Thema	186
Ein halbes Jahr - ein ganzes Buch	187
Was die Reformation mir bedeutet	190
... suche Frieden ...	193